KB174657

만들면서 배우는
스파인 2D
게임 애니메이션

지은이 **이동연** dlehddus84@naver.com

(주)하이브로에서 500만 이상 다운로드를 기록한 〈드래곤빌리지〉를 기획 및 개발했으며, 〈몬스터월드〉 등의 게임을 개발했다. (주)플랜티넷에서는 〈힐링힐링몽 for kakao〉, 〈팜타지아〉 개발팀장으로 개발을 주도했다. 2D 게임 외길을 꾸준히 걷고 있다. 블로그와 네이버 카페 등에서 cocos2d-x 강좌를 연재했고 2015년 네이버 앱스토어 토크데이에서 강연했다. 현재는 iOS 앱 개발을 하면서 다양한 플랫폼을 공부하고 있다.

만들면서 배우는 스파인 2D 게임 애니메이션

프로그래머와 아티스트를 위한 최고의 뼈대 애니메이션 툴

초판 1쇄 발행 2017년 2월 1일
초판 2쇄 발행 2020년 3월 17일

지은이 이동연 / **펴낸이** 김태헌
펴낸곳 한빛미디어(주) / **주소** 서울시 서대문구 연희로2길 62 한빛미디어(주) IT출판부
전화 02-325-5544 / **팩스** 02-336-7124
등록 1999년 6월 24일 제25100-2017-000058호 / **ISBN** 978-89-6848-462-9 93000

총괄 전정아 / **책임편집** 이상복 / **기획** 이상복 / **편집** 백지선
디자인 강은영, 조판 백지선
영업 김형진, 김진불, 조유미 / **마케팅** 박상용, 송경석, 조수현, 이행은, 홍혜은 / **제작** 박성우, 김정우

이 책에 대한 의견이나 오탈자 및 잘못된 내용에 대한 수정 정보는 한빛미디어(주)의 홈페이지나 아래 이메일로 알려주십시오. 잘못된 책은 구입하신 서점에서 교환해드립니다. 책값은 뒤표지에 표시되어 있습니다.
한빛미디어 홈페이지 www.hanbit.co.kr / **이메일** ask@hanbit.co.kr

Published by HANBIT Media, Inc. Printed in Korea
Copyright ⓒ 2017 이동연 & HANBIT Media, Inc.
이 책의 저작권은 이동연과 한빛미디어(주)에 있습니다.
저작권법에 의해 보호를 받는 저작물이므로 무단 복제 및 무단 전재를 금합니다.

지금 하지 않으면 할 수 없는 일이 있습니다.
책으로 펴내고 싶은 아이디어나 원고를 메일(writer@hanbit.co.kr)로 보내주세요.
한빛미디어(주)는 여러분의 소중한 경험과 지식을 기다리고 있습니다.

만들면서 배우는
스파인 2D 게임 애니메이션

한빛미디어
Hanbit Media, Inc.

이 책 덕분에 낯설었던 스파인에 대해 쉽게 이해하고 알게 되었습니다. 처음 접하는 초보자 분들이나 스파인이 어려워서 포기한 분들에게 적극 추천합니다!

_박경덕(디자이너, http://allexuel.blog.me)

2D 애니메이션에 관심은 있지만 무엇을 어떻게 시작해야 할지 모르는 분들을 위한 훌륭한 입문서입니다. 스파인은 다루면 다룰수록 굉장히 매력적인 툴입니다. 2D 애니메이션에 관심 있는 모든 분에게 이 책이 스파인을 시작하는 좋은 계기가 되었으면 하네요.

_고원진(2D 게임 애니메이터, http://anikare.blog.me)

스파인에 대한 작업 노하우는 물론, 초보자들도 쉽게 접근 가능한 상세한 설명이 담겨 있습니다. 스파인 입문자부터 실무자까지 누구나 읽을 수 있는 훌륭한 가이드가 되는 책입니다.

_원종욱(일러스트레이터)

저는 2D 게임 마니아입니다. 잘 만든 2D 게임은 눈을 호강하게 합니다. 저는 바닐라웨어라는 게임 개발사의 작품을 매우 좋아하는데요, 몽환적인 느낌의 2D 게임을 주로 만드는 곳입니다. PSP에서 〈그란나이츠 히스토리〉라는 게임을 실행했을 때는 신선함 그 이상으로 강렬한 인상을 받았습니다. PS2로 발매되었다가 PS4로 리메이크된 〈오딘 스피어〉와 횡스크롤 RPG인 〈드래곤즈 크라운〉 역시 바닐라웨어의 명작입니다. 재미나 스토리는 호불호가 갈리는 편이지만, 디자인에서만큼은 감히 '탑클래스'라고 말할 수 있습니다(제 주관적인 평가입니다^^).

저 역시 지금까지와 마찬가지로 앞으로도 2D 게임만을 개발할 생각이다 보니 바닐라웨어의 게임들을 보며 2D 게임의 발전과 향상에 대해 많은 고민을 하게 되었습니다. 물론 이렇게 잘 만들려면 3D 게임에 버금가거나 더 많은 노력이 필요합니다. 처음으로 Live2D로 구동되는 샘플을 보았을 때 큰 충격을 받았던 기억이 납니다. 지금까지 보던 애니메이션 방식도 아니고, 3D가 아니라 2D인데도 3D 애니메이션 같은 움직임이었으니 말입니다. 지금이야 스켈레톤(뼈대) 애니메이션 방식이 PC, 모바일, 콘솔 등 많은 분야에서 사용되고 있어 우리의 눈도 익숙해졌지만, 약 10년 전만 해도 스켈레톤 애니메이션은 3D 게임의 전유물이었으니까요.

그러던 와중 스파인이라는 프로그램을 알게 되었고 디자이너가 아님에도 이것저것 공부를 하게 되었습니다. 스파인은 정말 매력적인 툴로 제게 다가왔습니다. 스파인은 개발자가 자기 게임에 사용하기 위해 만들기 시작한 툴로서 킥스타터에서 열광적인 투자를 받아 현재 모습처럼 다양한 기능을 갖추게 되었습니다. 많은 플랫폼에서 사용할 수 있도록 다양한 런타임과 여러 형식으로 내보내는 기능이 있습니다.

과거 도트 스프라이트 애니메이션 방식에서 스켈레톤 애니메이션 방식으로 변하면서, 실제로 2D 게임 산업에서는 큰 변화가 있었습니다. 국내에서도 많은 회사가 스파인을 사용하기 시작했지만, 제가 원고를 집필하고 있는 지금도 관련 서적이 국내에 없어 많은 사람이 독학이나 학원 교육으로 스파인 사용법을 익히고 있는 실정입니다. 이 점이 책을 쓰는 큰 계기가 되었습니다.

사실 요즘 시대에 2D냐 3D냐 하는 것은 유저에게 큰 의미가 없다고 생각됩니다. 작품성에 맞는 디자인을 갖추는 것이 가장 좋은 것이죠. 저도 2D 게임을 개발하는 것을 좋아하며, 소규모의 그룹에서 취향에 맞는 작업을 하는 것을 제일 좋아합니다. 이런 소규모 환경에서 2D 게임을 개발할 때 스파인은 매우 경쟁력 있는 애니메이션 툴이 될 것입니다.

저는 어렸을 때 게임보이에서 했던 〈포켓몬스터〉를 떠올리면 지금도 가슴이 뜁니다. 지금은 더욱 화려하고 연출이 멋진 게임이 많은데도 저 오래된 단색 화면과 삐삑거리는 사운드를 20년 넘게 잊지 못하는 이유는 무엇일까요? 제한된 조건 속에서도 '새로움'을 느낄 수 있었고 거기서 충격을 받았기 때문이라고 생각합니다. 가볍고 쉽게 즐길 수 있는, 하지만 동시에 시각적으로도 즐거운 그런 게임이야말로 유저들의 기억에 남을 수 있는 게임이라고 생각합니다. 이런 게임을 만드는 것이 저만의 목표는 아닐 것입니다. 2D 게임을 사랑하는 많은 사람이 게임 개발에 참여하기를 바라며, 게임을 즐기는 것만큼 개발하는 것도 재미있다는 사실을 많은 사람이 느꼈으면 좋겠습니다.

이렇게 책을 출판할 수 있도록 도와준 한빛미디어에 감사드립니다. 스파인 사용법에 대해 조언과 도움을 준 과거 직장 동료들, 그리고 없는 시간을 쪼개 베타리딩을 해준 박경덕, 고원진, 원종욱 님, 또 원고 편집하느라 고생하신 한빛미디어 이상복 님께 감사드립니다. 지금까지 뒷바라지해주신 부모님께 이 책을 바칩니다.

이동연

대상 독자

게임 산업, 그중에서도 모바일 게임을 개발하려는 많은 사람에게 도움이 됐으면 합니다. 구체적으로는 다음과 같은 독자들이 읽어보고 한번 따라해 보면 많은 도움을 받을 것입니다.

1. 2D 캐릭터 애니메이션 디자이너
2. 게임 개발을 총괄하는 PM
3. 스켈레톤 애니메이션으로 2D 게임을 개발하려는 기획자
4. 직접 게임을 만들어보고 싶은 프로그래머
5. 게임 제작에 관심이 있는 학생

책 내용 자체가 입문 난이도이므로 부담 갖지 않아도 괜찮습니다. 2D 게임 개발이나 캐릭터 애니메이션에 관심 있는 독자라면 누구나 쉽게 따라 해볼 수 있습니다.

이 책의 구성

1장에서는 스파인을 써야 하는 이유와 스파인의 라이선스 등에 대해 설명하고, 2장에서는 스파인을 설치하는 법을 다루며, 3장부터 본격적으로 스파인 사용법을 익힙니다.

3장은 편집기, 4장은 이미지와 애니메이션, 5장은 어태치먼트, 스킨, 이벤트 같은 스파인의 각종 기능을 입문자 난이도로 설명합니다. 간단한 실습도 포함되어 있습니다. 6장에서는 고급 기능이라고 할 수 있는 IK 제약조건과 내보내기를 살펴봅니다.

7장에서는 스파인에 기본으로 포함되어 있는 샘플 프로젝트들을 하나씩 분석해봅니다. 8장에서는 지금까지 배운 기능을 사용하여 직접 슬라임 몬스터를 만들어보며 애니메이션, 스킨, 메쉬 기능을 복습합니다. 9장은 프로그래머의 영역인 런타임에 대해 간단한 코드 예제와 함께 살펴봅니다.

10장은 일종의 부록으로서 기타 다른 2D 게임 개발에 도움이 되는 툴인 Live2D, 스프라이터, 타일드, 이모트, 텍스처 패커 등을 간략하게 살펴봅니다.

CONTENTS

CHAPTER **4** 이미지와 애니메이션

CONTENTS

CONTENTS

CHAPTER 1

스파인 시작

1장에서는 스파인에 대해 간단히 소개하고 스파인을 사용한 게임들과 라이선스에 대해 알아보겠습니다.

1.1 스파인이란?

스파인 로고

'Spine'은 척추를 의미합니다. 척추는 사람의 뼈대의 기본이 되는 뼈입니다. 스파인에서는 뼈대를 생성하고 뼈대에 텍스처를 입혀 하나의 객체를 만듭니다. 즉 스파인은 2D 게임의 캐릭터와 애니메이션을 제작하는 데 최적화되어 있으며, 효율적이고 능률적으로 2D 게임의 애니메이션 제작을 도와주는 개발 도구입니다.

과거에는 2D 게임 애니메이션 제작에 프레임 단위로 스프라이트를 그리는 스프라이트 시트sprite sheet 방식 애니메이션을 주로 사용했습니다. 하지만 최근에는 뼈대skeleton를 제작하고 뼈대에 텍스처를 입혀 움직임을 사용하는 **뼈대 애니메이션**skeleton animation 방식을 많이 사용하고 있습니다(스켈레톤 애니메이션 또는 스켈레탈 애니메이션이라고 부르기도 합니다). 스파인은 뼈대 애니메이션 제작에 최적화되어 있는 개발 도구입니다.

다음 그림은 프레임 방식으로 동작하는 스프라이트 방식 애니메이션의 예입니다.

스프라이트 방식

뼈대 애니메이션은 주로 3D 모델링에서 사용하던 뼈bone와 텍스처texture를 이용합니다. 뼈대 애니메이션의 예는 다음과 같습니다. 뼈대에 이미지를 입혀 동작하는 방식입니다.

뼈대 애니메이션

1.2 왜 스파인을 써야 할까?

스프라이트 시트 방식의 애니메이션은 용량이 크며 하나의 캐릭터로 여러 동작을 제어하기에 불편합니다. 각 동작별로 애니메이션을 따로 생성해야 하기 때문이죠. 반면 뼈대 애니메이션 방식은 하나의 캐릭터를 생성하여 여러 애니메이션을 생성할 수 있습니다. 즉 적은 이미지로 다양한 애니메이션을 만들 수 있습니다.

스프라이트 시트 방식은 자연스러운 움직임을 만들려면 많은 프레임이 필요합니다. 이에 반해 뼈대 애니메이션 방식은 하나의 이미지를 이용하여 위치를 이동하고 회전시키면서 애니메이션을 만들기 때문에 적은 용량으로 다양한 애니메이션을 만들 수 있습니다.

또한 애니메이션 제어를 키 프레임 방식으로 할 수 있어 효과적으로 제작할 수 있고 그래프 에디터를 사용하여 움직임을 좀 더 자연스럽게 만들 수 있습니다. 제작한 애니메이션을 서로 믹스하여 중간 부분을 보간하여 자연스럽게 움직이도록 할 수도 있습니다.

스킨 기능을 사용하면 같은 형태에서 색상 관련 이미지만 변경하여 마치 나른 캐릭터처럼 보이게 할 수도 있습니다. 이와 같은 제작 방식은 게임에 필요한 리소스 제작 시간을 단축시키므로 개발 비용을 줄이는 효과가 있습니다. 또한 제작된 애니메이션의 파일을 게임에 포함해 사용하며, 코드에서 애니메이션 제어도 가능합니다.

스파인의 장점

명령	설명
적은 용량	기존 애니메이션은 애니메이션의 각 프레임마다 이미지가 필요합니다. 스파인 애니메이션은 용량이 매우 적은 뼈대 데이터만을 저장합니다.
그림 파일 요구량	스파인 애니메이션에 필요한 그림 파일이 훨씬 적게 들어가기 때문에 게임 제작에 들어가는 시간과 비용을 현저히 줄일 수 있습니다.
부드러움	보간법을 사용하기 때문에 항상 프레임 속도에 맞춰 부드럽습니다. 애니메이션은 품질의 저하 없이 슬로우 모션으로 재생할 수 있습니다.
어태치먼트	뼈에 붙은 이미지를 다른 아이템과 효과에 어울리도록 바꿀 수 있습니다. 다르게 생긴 캐릭터에도 애니메이션을 다시 사용할 수 있어 소중한 시간을 아낄 수 있습니다.
믹싱	애니메이션을 서로 블렌딩할 수 있습니다. 예를 들어 캐릭터는 걷거나 뛰면서, 또는 수영을 하면서 사격을 할 수 있습니다. 한 애니메이션에서 다른 애니메이션으로 바꿀 때 부드럽게 크로스페이드할 수 있습니다.
자연스러운 애니메이션	코드를 통해 뼈를 다룰 수 있어 마우스가 있는 곳으로 사격을 하거나 근처에 있는 적을 향해 움직일 수 있으며 언덕을 오를 때 앞으로 기울일 수 있습니다.

1.3 뼈대 애니메이션을 사용한 게임들

뼈대 애니메이션 방식을 사용한 게임은 여러 가지가 있으며, 다른 방식과 함께 사용한 게임은 훨씬 많습니다. 비교적 최근에 나온 게임 중에서 몇 가지만 예로 들면 다음과 같은 게임들이 있습니다.

먼저 〈별이되어라! for Kakao〉는 환상적인 고퀄리티 그래픽의 RPG입니다. 수준 높은 2D 이미지를 뼈대 애니메이션을 사용하여 더욱 돋보이도록 개발하였습니다. 캐릭터의 포즈나 형태별로 형식을 정하고 뼈대를 생성해 애니메이션을 만들었고, 같은 형태의 캐릭터는 뼈대를 재활용하여 작업 능률을 높였습니다.

〈별이되어라! for Kakao〉

〈Battleheart〉는 귀여운 SD 캐릭터들이 등장하는 전략 RPG 게임입니다. 특색 있는 캐릭터들을 이용하여 스테이지를 클리어하는 방식의 게임으로 캐릭터와 몬스터를 뼈대 애니메이션 방식으로 제작하여 더욱 매력적이고 특색 있습니다.

〈Battleheart〉

〈팜타지아〉는 뼈대 애니메이션을 이용한 소셜 네트워크 게임입니다. 하나의 뼈대에서 텍스처만 변경하여 마치 다른 캐릭터처럼 옷을 갈아입힐 수도 있습니다. 하나의 뼈대로 애니메이션을 생성했으므로 서로 다른 옷을 입고 있어도 같은 애니메이션 동작이 가능한 것이죠.

〈팜타지아〉

1.4 라이선스

스파인의 라이선스는 크게 평가판(Trial), 기본형(ESS), 전문가형(PRO)으로 나뉩니다. 스파인 공식 사이트에서 각 버전의 기능을 비교한 표를 볼 수 있습니다.

URL http://ko.esotericsoftware.com/spine-purchase

표에 나온 모든 기능을 여기서 다 살펴보지는 않겠습니다. 주의할 것은 평가판은 스파인의 기본 기능을 사용할 수 있지만 프로젝트 저장 및 게임에서의 사용을 위한 내보내기 기능은 사용할 수 없다는 점입니다. 따라서 실제적으로 스파인을 사용하여 게임 제작을 하려면 기본형 이상의 라이선스가 필요합니다.

	평가판 Trial	기본형 ESS	전문가형 PRO
Meshes	✔	✘	✔
Free-Form Deformation	✔	✘	✔
Weighted Meshes	✔	✘	✔
IK Constraints	✔	✘	✔
Transform Constraints	✔	✘	✔
Path Constraints	✔	✘	✔
Open Project	✔	✔	✔
Save Project	✘	✔	✔
Export Data	✘	✔*	✔
Export Images	✘	✔	✔
Export Video	✘	✔	✔
Texture Packer	✘	✔	✔
Import Data	✔	✔	✔
Import Project	✔	✔	✔
Ghosting	✔	✔	✔
Auto Key	✔	✔	✔
Bounding Boxes	✔	✔	✔
Skins	✔	✔	✔
Graph Editor	✔	✔	✔
Dopesheet	✔	✔	✔
Bone/Image Compensation	✔	✔	✔
Posing	✔	✔	✔

스파인 라이선스의 기능을 비교한 표

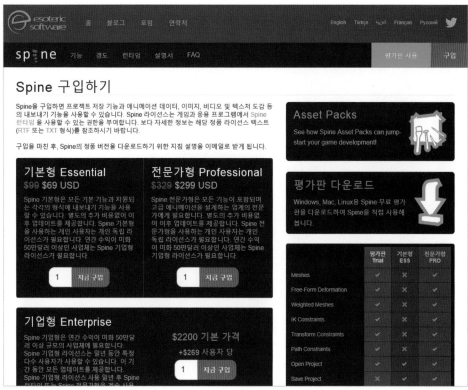

스파인 구입하기

2020년 3월 현재 기본형은 99달러(할인가 69달러), 전문가형은 329달러(할인가 299달러)에 판매되고 있습니다. 연간 수익이 50만 달러 이상인 사업체는 기업형(Enterprise) 라이선스를 구입하여 사용해야 합니다.

이 책에서는 기본형뿐만 아니라 전문가형에서 사용 가능한 기능까지 스파인의 거의 모든 기능을 설명합니다. 우선 평가판을 다운로드하고 기본적인 실습을 해보는 것을 권합니다.

1.5 마치며

- 2D 게임 애니메이션 제작 방식으로는 스프라이트 시트 방식과 뼈대 애니메이션 방식이 있습니다. 최근에는 부드러운 움직임이 가능하고 작업 효율이 높은 뼈대 애니메이션 방식이 주목받고 있습니다.

- 스파인은 가장 널리 쓰이는 뼈대 애니메이션 제작 도구입니다. 스킨, 어태치먼트, 런타임 제어 등 2D 게임 애니메이션에 필요한 강력한 기능들을 제공합니다.

- 스파인은 무료 버전인 평가판과 유료 버전으로 나뉩니다. 평가판은 프로젝트 저장 및 게임에서의 사용을 위한 내보내기 기능을 지원하지 않습니다. 이 책에서는 스파인의 거의 모든 기능을 설명하며, 우선 평가판을 다운로드하여 사용해도 실습에는 지장이 없습니다.

CHAPTER 2

설치

이 장에서는 스파인을 설치하고 기본적인 언어 설정과 버전 설정을 변경하는 방법을 알아보겠습니다.

2.1 다운로드 및 설치

스파인의 라이선스를 구입하면 라이선스에 맞는 설치 파일을 다운로드할 수 있도록 안내가 제공됩니다. 스파인은 여러 버전을 지원하지만 이 책에서는 윈도우 7 운영체제를 기준으로 설명하겠습니다.

먼저 다운로드 페이지에 접속하여 자신의 운영체제에 맞는 버전을 다운로드합니다. 여기서는 평가판을 다운로드하여 설치한다고 가정하겠습니다.

URL http://ko.esotericsoftware.com/spine-download

스파인 평가판 다운로드

다운로드한 설치 파일을 더블 클릭하여 설치를 시작합니다. 다른 프로그램들을 설치할 때처럼 약관을 읽어보고 기본 설정을 바꿀 필요는 없으므로 엔터 키를 여러 번 눌러 다음 화면으로 넘어가면 설치는 금방 끝납니다.

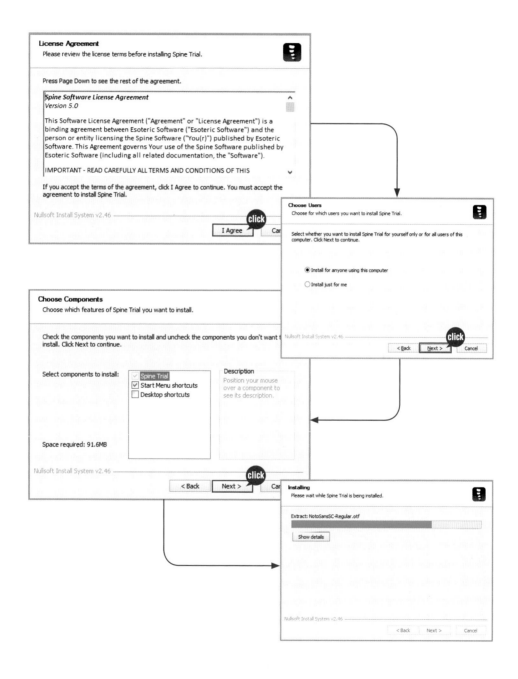

설치가 끝나면 완료 화면이 나옵니다. **Run Spine Trial**에 체크된 상태로 **[Finish]** 버튼을 누르면 바로 스파인이 실행됩니다.

스파인 설치 완료 화면

스파인은 처음 실행 시 업데이트 내용이 있으면 자동으로 업데이트됩니다. 따라서 항상 최신 버전으로 스파인을 이용할 수 있습니다.

처음 실행 시 자동으로 업데이트하는 모습

버전에 따라 메뉴나 화면이 약간씩 다를 수 있지만 버전별 차이가 큰 편은 아닙니다. 이 책은 3.6 버전을 기준으로 집필했습니다. 일부 전문가형 기능은 3.3에서 작업했습니다.

평가판이 아니라 정식 라이선스를 구매했다면, 구매할 때 입력한 메일로 정식 버전을 다운로드 할 수 있는 링크를 알려줍니다. 이 링크로 이동하면 운영체제별 다운로드 페이지로 연결됩니다. 해당 링크에서 자신의 활성화 코드를 볼 수 있습니다.

스파인 정식 라이선스 다운로드 페이지

이 설치 파일로 설치를 완료한 다음 활성화 코드를 입력하면 정식 라이선스 버전을 사용할 수 있습니다.

활성화 코드 입력 화면

2.2 스파인 편집기

이제 스파인 실행 화면을 조금만 살펴볼까요? 업데이트가 완료되면 다음 그림과 같이 스파인이 실행됩니다. 처음 실행 시에는 스파인 샘플 프로젝트 중 하나인 spineboy(스파인보이)가 열릴 것입니다.

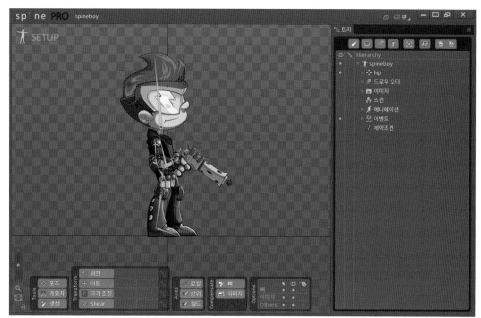

스파인 실행 시 편집기 화면

이 책에서는 이 실행된 화면을 **스파인 편집기**라고 부르겠습니다. 게임 개발을 위해 스파인에서는 편집기와 런타임을 제공합니다. 편집기는 애니메이션을 만드는 도구를 칭하며 런타임은 편집기에서 만들어진 결과물을 각종 플랫폼에 적용하기 위한 라이브러리를 칭합니다. 차차 살펴보겠습니다.

2.3 샘플 프로젝트의 위치

스파인을 설치하면 설치된 폴더 아래 examples 폴더에 스파인에서 제공하는 샘플 프로젝트가 들어 있습니다. 기본 설치 시 샘플 프로젝트의 위치는 C:\Program Files(x86)\Spine\examples입니다.

샘플 프로젝트에는 스파인에서 사용 가능한 기능들을 사용하여 각종 캐릭터와 애니메이션을 생성하여 제공하고 있으니 샘플 프로젝트를 참고하면, 보다 질 높은 캐릭터와 애니메이션을 만들 수 있습니다.

샘플 프로젝트가 설치된 위치로 가보면 alien, dragon, goblins 등 다양한 폴더가 기본으로 제공되는 것을 볼 수 있습니다. 이 샘플들에는 스파인의 다양한 핵심 기능이 사용되었으므로 이들을 살펴보는 것만으로도 스파인의 주요 기능을 확인하고 익힐 수 있습니다. 이 책에서는 필요한 샘플 프로젝트를 예제로 살펴보고, 하나씩 분석해보기도 할 것입니다.

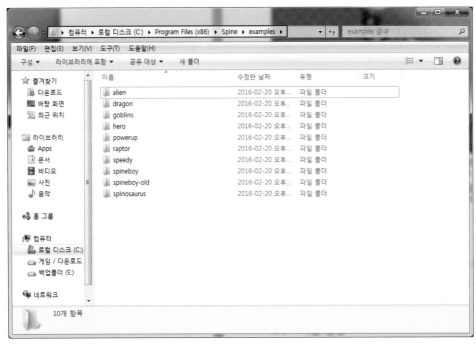

샘플 프로젝트 폴더

2.4 버전 변경

특별한 상황에서 버전 변경이 필요할 경우 원하는 버전으로 편집기의 버전을 변경할 수 있습니다. 특별한 상황의 예를 들자면, 편집기의 버전이 높아지면 런타임의 버전도 따라 높혀야 하므로 작업 환경상 부득이하게 런타임의 버전업이 불가능한 경우가 있습니다. 이런 경우에는 이전 버전을 사용해야 합니다.

왼쪽 상단의 스파인 로고 부분을 클릭하면 스파인의 메뉴가 열립니다. 메뉴가 열리면 스파인 로고의 오른쪽에도 현재 사용 중인 편집기의 버전이 표시됩니다. 버전을 바꾸기 위해 메뉴 가장 아래에 있는 **설정...**을 선택합니다. 설정 창에서 다양한 설정을 확인하고 변경할 수 있지만 이 책에서는 기본 설정을 그대로 사용하여 실습을 진행할 것입니다. 버전 변경하는 방법만 살펴보겠습니다.

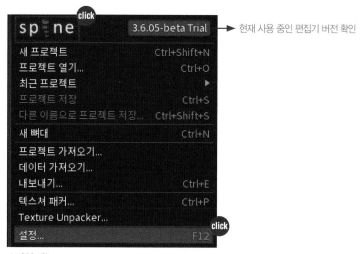

스파인 메뉴

설정 창 상단에 **버전** 항목이 표시되어 있습니다. 기본값으로 **최근**이 선택되어 있을 텐데 클릭하면 2.x 버전이나 3.x 버전 등 과거 버전을 선택할 수 있습니다. 각 메이저 버전 중 가장 최신 버전이 표시됩니다. [**기타...**] 버튼을 선택하여 여기 표시되지 않은 버전으로 변경하는 것도 가능합니다. 필요할 경우 이렇게 버전을 변경하고 스파인을 재시작하면 됩니다.

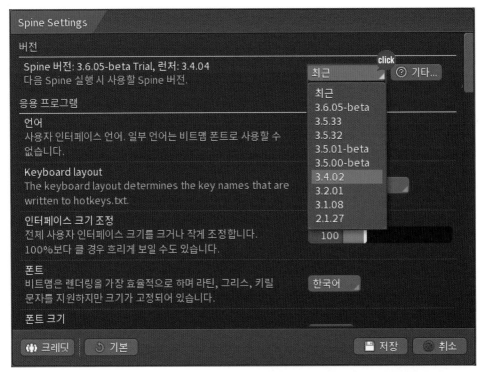

버전 변경

2.5 언어 변경

스파인은 2016년 초 3.1 버전부터 한국어를 지원했습니다. 이 책 역시 한국어 스파인을 기준으로 설명할 것입니다. 혹시라도 스파인을 한국어로 이용하지 않고 있다면 설정에서 언어를 한국어로 바꾸는 것을 추천합니다. 스파인 편집기가 이미 한국어로 표시되어 있다면 건너뛰어도 상관없습니다.

스파인이 영어로 설치되었다고 가정하면 설정 창에서 언어를 바꾸는 부분은 두 번째 항목인 **Application**의 **Language**입니다. 여기서 **English**를 한국어로 변경한 뒤 하단의 [**Save**] 버튼을 선택하고 편집기를 재시작합니다.

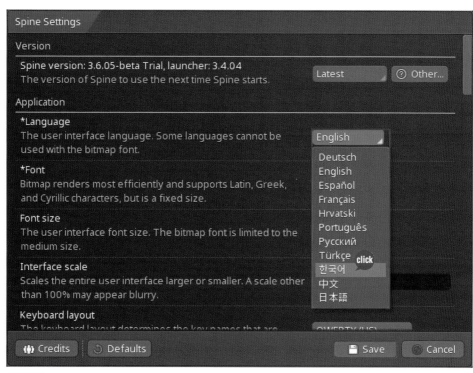

언어 변경

2.6 마치며

- 스파인을 다운로드하고 설치하는 방법에 대해 살펴봤습니다. 많은 다른 프로그램을 설치하는 것과 똑같이 하면 됩니다. 스파인은 자동으로 최신 버전으로 업데이트됩니다.

- 스파인을 실행한 모습을 확인했고, 샘플 프로젝트 폴더의 경로가 어디인지도 배웠습니다. 샘플 프로젝트는 이 책 전반에 걸쳐 예제로 사용됩니다.

- 특수한 경우에 대비해 설정 메뉴에서 버전이나 언어를 변경하는 방법을 살펴봤습니다.

CHAPTER 3

편집기

이번 장에서는 스파인 편집기의 다양한 메뉴들과 기능들에 대해 간단히 소개하겠습니다.

3.1 메뉴와 단축키

먼저 편집기의 메뉴와 단축키에 대해 알아보겠습니다. 설명만으로는 실제 어떻게 동작하는지 감을 잡기 어려울 텐데, 이후 실습하며 하나씩 기능을 익힐 것이므로 지금은 너무 조급해하지 않아도 됩니다.

3.1.1 메뉴

앞에서도 잠깐 살펴보았지만 스파인 로고를 클릭하면 기본적으로 프로젝트와 관련된 메뉴를 사용할 수 있습니다. 각 메뉴가 어떤 일을 하는지 전체적으로 살펴보겠습니다. 대부분 다른 프로그램에서도 볼 수 있는 기능이고 직관적으로 이해할 수 있습니다. 다음 그림은 이 책을 쓰는 시점에서 최신 버전의 평가판 메뉴 모습입니다. 기본형 이상에서는 저장 관련 메뉴가 활성화됩니다.

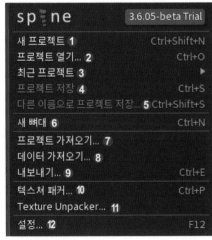

스파인 메뉴

❶ **새 프로젝트**: 프로젝트를 새로 생성합니다.

❷ **프로젝트 열기**: 저장해둔 프로젝트를 불러옵니다.

❸ **최근 프로젝트**: 최근 사용한 프로젝트들이 목록으로 나타납니다.

❹ **프로젝트 저장**: 프로젝트를 저장합니다.

❺ **다른 이름으로 프로젝트 저장**: 프로젝트를 다른 이름으로 저장합니다.

❻ **새 뼈대**: 새로운 뼈대를 생성합니다.

❼ **프로젝트 가져오기**: 다른 프로젝트에서 만든 애니메이션이나 뼈대를 가져옵니다.

❽ **데이터 가져오기**: 내보내기로 생성한 JSON에서 데이터를 불러옵니다.

❾ **내보내기**: 작업한 내용을 여러 형식으로 내보냅니다.

❿ **텍스처 패커**: 이미지를 하나의 파일로 생성합니다.

⓫ **Texture Unpacker**: 텍스처 패커 기능을 이용해 압축한 하나의 파일의 압축을 다시 풉니다. 이 책의 집필 시점에서 아직 한국어로 표기되지 않았습니다.

⓬ **설정**: 스파인 편집기의 각종 설정을 변경합니다.

3.1.2 단축키

편집기에서 사용 가능한 단축키(핫키)는 하단의 툴바에서 버튼에 마우스를 올리면 표시됩니다. 스파인의 거의 모든 버튼은 마우스를 올리고 기다리면 **툴팁 도움말**이 표시됩니다. 마우스를 올리고 F1 을 누르면 바로 툴팁 도움말이 표시됩니다. 효율적인 개발을 위해 자주 사용하는 단축키를 익혀두면 작업의 효율을 높일 수 있습니다. 사용해나가면서 자신만의 방식이 생길 것입니다.

단축키 표시

스파인 사이트에서 사용 가능한 전체 단축키를 확인할 수 있습니다.

URL http://ko.esotericsoftware.com/spine-cheat-sheet

스파인의 전체 단축키는 다음과 같습니다. 현재 단계에서 설명만 보고 기능을 이해하기는 어려울 수도 있지만, 실습을 따라 한 다음에 다시 보면 어떤 기능인지 대부분 이해할 수 있을 것입니다. 물론 이를 모두 외울 필요는 없으며, 실제로는 몇 가지만 주로 사용하게 될 것입니다.

메뉴	
Ctrl + N	새 뼈대
Ctrl + O	프로젝트 열기
Ctrl + S	프로젝트 저장
Ctrl + E	내보내기

일반	
F1	툴팁 도움말
F2	이름 바꾸기
H	선택한 요소 화면 표시 온/오프
Ctrl + Z	실행 취소
Ctrl + Shift + Z / Ctrl + Y	재실행
Space / Esc	선택 취소
(더블 클릭)	이름 바꾸기

작업창	
(우클릭) + (드래그)	패닝
(마우스 휠)	줌
Ctrl + (우클릭) + (드래그)	선택 영역 추가
Ctrl + (클릭)	선택 영역 추가
(드래그)	사각형 선택

작업창

Ctrl + 🖱️↓ (드래그)	사각형 선택으로 선택 영역 추가

Tools

X	크기 조정
C	회전
V	이동
B	포즈
N	생성
🖱️ (우클릭)	직전 툴 선택
←↑↓→ (방향키)	미세 조정

회전 툴

Shift	15도씩 회전

생성 툴

Ctrl	선택한 이미지의 새 뼈 생성
Alt	선택한 뼈 다시 그리기

키 관련

K	변경 키 모두 적용
L	현재 Transform에 키 적용
Ctrl + L	선택 영역의 모든 Transform에 키 적용
Ctrl + Shift + L	현재 도프 시트의 모든 항목에 변경 키 적용

SETUP 모드

P	부모 지정

SETUP 모드

+	드로우 오더 위로(앞으로)
Shift + +	드로우 오더 5번 위로
−	드로우 오더 아래로(뒤로)
Shift + −	드로우 오더 5번 아래로

ANIMATE 모드

D	재생/중지
A	역방향 재생/중지
Q	처음으로 가기
E	마지막 키로 가기
W	다음 키
S	이전 키
R	다음 프레임
Shift + R	10프레임 다음으로 가기
F	이전 프레임
Shift + F	10프레임 이전으로 가기
Ctrl + R	반복 재생 온/오프

트리

🖱🖱 (더블 클릭)	이름 바꾸기
Ctrl + 🖱 / Shift + 🖱 (클릭)	선택 영역 추가
🖱 (우클릭)	펼치기/접기
🖱 (우클릭)	가지 숨기기/보이기(뷰 아이콘에서)

도프 시트

🖱 (우클릭) + 🖱 (드래그)	패닝
🖱 (마우스 휠)	줌
🖱 (클릭)	키 선택
Ctrl + 🖱	선택 영역 추가
🖱 (드래그)	사각형 선택(빈 공간에서)
Ctrl + 🖱 (드래그)	사각형 선택으로 선택 영역 추가
🖱🖱 (더블 클릭)	키 삭제
🖱 (드래그)	이동(키/선택 영역에서)
Alt + 🖱 (드래그)	하위 키 포함 이동(키/선택 영역에서)
Shift + 🖱 (드래그)	스내핑 없이 이동(키/선택 영역에서)
🖱 (드래그)	선택 영역 크기 조정(선택 영역 테두리에서)
Ctrl + X / Shift + Delete	선택 키 잘라내기
Ctrl + C / Ctrl + Insert	선택 키 복사
Ctrl + V / Shift + Insert	키 붙여넣기

타임라인

🖱 (우클릭) + 🖱 (드래그)	패닝
🖱 (마우스 휠)	줌
🖱 (드래그)	미세 이동
🖱 (클릭) + 🖱 (드래그)	스내핑 없이 미세 이동

3.2 SETUP 모드와 ANIMATE 모드

편집기는 크게 **SETUP 모드**(설정 모드)와 **ANIMATE 모드**(애니메이트 모드)로 구분할 수 있습니다. 각 모드별로 비슷한 메뉴와 각 모드에서만 사용 가능한 기능이 있으니 잘 알아둬야 합니다. 현재 작업 중인 모드는 왼쪽 상단 부분을 보면 확인이 가능하고, 이를 클릭하여 모드를 바꿀 수 있습니다.

SETUP 모드를 클릭하면 ANIMATE 모드로 바뀝니다.

다음 두 절에서 SETUP 모드와 ANIMATE 모드에서 사용하는 기능에 대해 자세히 살펴보기로 합시다.

3.3 SETUP 모드

SETUP 모드에서는 뼈대를 만들고 기본 속성 위치나 회전 값, 이미지, 스킨 등을 정의합니다. 마네킹을 직접 만든다고 생각하면 쉽습니다. 각 관절을 연결하고 옷을 입히는 작업 등을 진행합니다.

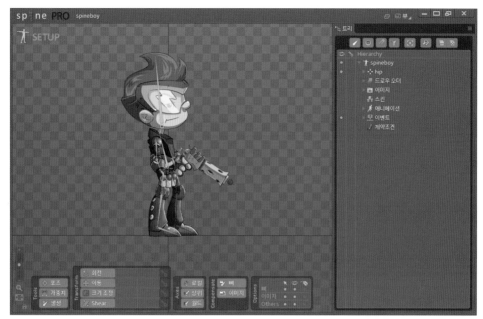

SETUP 모드

왼쪽의 넓은 부분이 바로 **작업창**^{viewport}입니다. 여기서 십자 표시된 지점, 즉 그림에서 캐릭터의 발 아래에 있는 점이 (0, 0) 좌표가 됩니다. 이곳을 기준점으로 삼아 작성하면 됩니다. 기준점 오른쪽 방향이 X 축에서 (+) 방향이고, 위쪽 방향이 Y 축에서 (+) 방향입니다.

기준점

작업창의 캔버스 화면을 이동하고 싶으면 마우스 오른쪽 버튼을 클릭하고 드래그하면 마우스를 따라 작업창 화면이 이동합니다. 이를 패닝panning이라고 합니다.

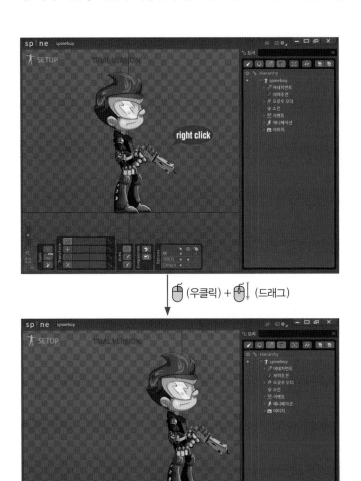

패닝

작업창 하단에 있는 툴바에는 여러 가지 버튼이 있습니다. 왼쪽부터 하나씩 살펴보겠습니다.

3.3.1 줌

먼저 왼쪽 하단에서 작업창을 확대/축소하거나 이미지를 실제 크기로 나타내거나 뼈대를 작업
창에 맞추어 꽉 채우게 할 수 있습니다. 확대/축소 슬라이더()는 마우스 휠을 이용한 확대/
축소와 동일합니다.

줌

3.3.2 Tools 및 Transform

스파인 편집기에서 툴바 그룹의 명칭은 영어로 표시되므로 이 책에서도 영어로 사용하되, 스파
인 공식 한국어 문서에 따라 한국어를 한 번만 병기하겠습니다.

Tools(툴)에서는 포즈, 가중치, 생성 기능을 선택할 수 있고, Transform(변형 또는 트랜스폼)
에서는 회전, 이동, 크기 조정, Shear 기능을 선택할 수 있습니다. Tools와 Transform의 7개
기능은 한 번에 하나씩만 선택이 가능합니다. 하나씩 살펴보겠습니다.

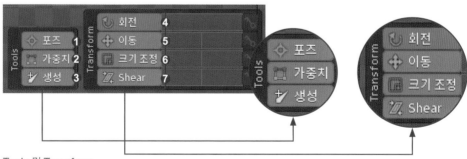

Tools 및 Transform

❶  **포즈**: 여러 뼈를 손쉽게 제어할 수 있습니다.

❷ **가중치**: 뼈가 메쉬에 미치는 영향력을 설정할 수 있습니다.

❸ **생성**: 새 뼈를 만들 수 있으며 SETUP 모드에서만 사용이 가능합니다.

❹ **회전**: 선택한 뼈를 회전시킵니다. 뼈의 시작점을 기준으로 회전합니다. [Shift] 키를 누른 상태로 회전하면 15도씩 회전합니다.

❺ **이동**: 선택한 뼈를 이동시킵니다. 선택한 뼈는 붉은색과 초록색 화살표로 표시되는데 붉은색은 X 좌표로만, 초록색은 Y 좌표로만 이동이 가능합니다.

❻ **크기 조정**: 선택한 뼈의 크기를 조절합니다. 뼈의 끝부분을 선택하여 드래그하면 뼈의 길이를 조절할 수 있습니다.

❼ **Shear**: 선택한 뼈의 기울기를 조절합니다. 이 기능은 이 책의 집필 시점에서 한국어로 번역되지 않았으므로 영어 그대로 사용하겠습니다. 공식 사이트의 문서에서는 '뼈 길이' 툴이라고 표기하며, 기하학에서는 '전단'이라고 부르는 변형입니다.

3.3.3 Axes, Compensate, Options

Axes(축)에는 **로컬**, **상위**, **월드**가 있고, Compensate(보정)에는 **뼈**, **이미지**, Options(옵션)에는 **뼈**, **이미지**, **Others**가 있습니다.

Axes, Compensate, Options

먼저 Axes는 Transform의 수치를 계산할 때 기준이 되는 값으로 어느 하나는 무조건 선택되어 있습니다.

❶ 🖌 **로컬**: 상위 뼈까지의 거리를 표시하며 요소의 로컬 축을 기준으로 합니다.

❷ 🖌 **상위**: 상위 뼈까지의 거리를 표시하며 요소의 상위 요소의 로컬 축을 기준으로 합니다.

❸ 🖌 **월드**: 작업창의 기준점까지의 거리를 뜻합니다.

위치나 회전 등을 변경하면 어태치먼트와 하위 뼈도 영향을 받습니다. 이때 뼈나 이미지를 잠가 영향을 받지 않도록 하는 것이 Compensate입니다. 어태치먼트에 대해서는 5장에서 설명합니다.

❹ 🖌 **뼈**: 위치나 회전 등을 변경해도 하위 뼈들이 영향을 받지 않습니다.

❺ 🖌 **이미지**: 자신의 이미지가 위치나 회전 값 등을 변경해도 영향을 받지 않습니다.

Options에서는 뼈, 이미지, 그 외의 것들(Others)에 대한 뷰 아이콘(⬤)이 있습니다. 이를 온/오프함으로써 해당 요소들을 선택 불가능하게 하거나 보이지 않게 하거나 명칭을 표시할 수 있습니다. 예를 들어 마우스 커서 모양 아래에서 뼈의 뷰 아이콘을 끄면 작업창에서 뼈를 선택할 수 없습니다. 마찬가지로 눈 모양 아래 요소를 끄면 해당 요소가 작업창에서 보이지 않게 됩니다. 네임 태그 부분을 켜면 요소의 이름이 작업창에 표시됩니다.

❻ **뼈**: 뼈를 선택 가능하게 하거나 불가능하게 하거나, 보이거나 보이지 않게 하거나, 이름을 보이거나 보이지 않게 합니다.

❼ **이미지**: 이미지를 선택 가능하게 하거나 불가능하게 하거나, 보이거나 보이지 않게 하거나, 이름을 보이거나 보이지 않게 합니다.

❽ **Others**: 뼈나 이미지 외의 기타 요소를 선택 가능하게 하거나 불가능하게 하거나, 보이거나 보이지 않게 하거나, 이름을 보이거나 보이지 않게 합니다. 실무에서 자주 쓰이지는 않는 편입니다.

3.3.4 뷰

스파인에는 뷰라는 편리한 기능이 있습니다. 스파인 창의 오른쪽 상단의 뷰 버튼(▣)을 클릭하면 화면 오른쪽에 여러 탭을 보이게 하거나 안 보이게 할 수 있습니다. 다른 여러 프로그램의 '패널'과 같다고 보면 됩니다. 기본적으로 트리 탭이 선택되어 있을 것입니다.

뷰 버튼

각 기능별로 필요한 순간에 탭을 열어 확인이 가능합니다. 열린 탭을 닫기 위해서는 오른쪽 상단의 메뉴 버튼(▤)을 누르고 '닫기'를 누르면 열린 탭을 닫을 수 있습니다. 메뉴 버튼을 더블 클릭해도 닫을 수 있습니다. 아이콘을 우클릭하면 탭이 최소화됩니다. 탭을 드래그하는 것도 가능합니다.

탭 메뉴 버튼

여러 탭을 열 경우 작업창이 좁아져 불편할 수 있습니다. 이럴 때 열린 탭을 모두 최소화하려면 뷰 아이콘 왼쪽에 있는 **모든 뷰 최소화 아이콘**(⊡)을 클릭합니다. 다시 클릭하면 모든 탭이 다시 표시됩니다. 이때 수동으로 최소화한 탭이 있다면 이 기능에 영향을 받지 않고 그대로 최소화된 상태를 유지합니다. 단축키 문서에는 나와 있지 많지만 이 기능의 단축키는 F9입니다.

최소화된 탭은 아이콘으로 바뀌어 모든 뷰 최소화 아이콘 왼쪽에 최소화한 순서대로 차례로 표시됩니다. 이 아이콘을 어떤 버튼으로든 클릭하면 다시 작업창 오른쪽에 나타납니다. 다음 그림은 모든 탭을 최소화한 모습입니다. 활용도가 높은 순서대로 왼쪽부터 트리, 메트릭, 아웃라인, 슬롯 색상, 가중치 탭의 아이콘입니다.

최소화한 탭들

그럼 이제부터 앞의 그림에 나온 순서대로 각 탭의 기능에 대해 살펴보겠습니다. 먼저 **트리** 탭부터 살펴볼까요? 트리는 프로젝트의 여러 요소를 확인할 수 있는 탭입니다.

먼저 계층구조 상단에 있는 버튼들은 뼈, 슬롯, 어태치먼트 등 특정 요소만 골라서 볼 수 있는 기능을 합니다. 주로 기본 설정 그대로 사용하며, 툴팁 도움말을 보고 하나씩 클릭해보면 쉽게 기능을 알 수 있으므로 따로 설명하지는 않겠습니다.

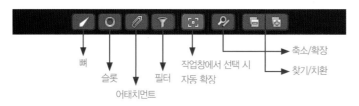

트리 탭 상단 버튼

상단 버튼 아래에서 여러 요소의 계층구조를 확인하고 선택할 수 있습니다. 트리 탭에서 클릭한 요소는 작업창에서도 선택되며, 특정 요소를 우클릭하면 하위 요소가 모두 펼쳐집니다. 다음 그림은 rear_thigh 뼈 아래에 있는 rear_thigh 슬롯을 선택하고 펼친 모습입니다. 요소의 종류를 나타내는 여러 아이콘이 있는데 자주 볼 수 있는 아이콘들을 간단히 설명하겠습니다.

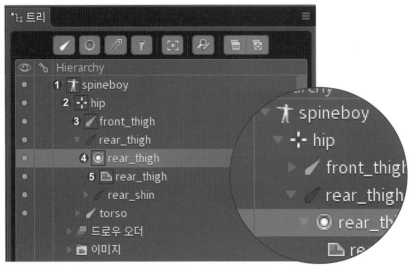

트리 탭

❶ 🧍 **뼈대 아이콘**: 하위 뼈들이 붙어 있는 바탕이 되는 몸통 뼈대를 의미합니다. 내보내기 시 파일명이 이 이름을 따르므로 캐릭터 이름이라고 생각해도 좋습니다.

❷ ➕ **루트(길이가 없는 뼈) 아이콘**: 새 프로젝트를 만들면 기본으로 만들어지는 **루트** 뼈입니다. 길이가 0입니다. 길이가 있는 뼈도 길이를 0으로 바꾸면 아이콘이 이 십자가 모양으로 바뀝니다.

❸ ✏️ **뼈 아이콘**: 일반적인 뼈, 즉 길이가 있는 뼈입니다. 뼈의 이름이 표시되며 상위 뼈와 하위 요소 등을 확인할 수 있습니다.

❹ ◎ **슬롯 아이콘**: 슬롯은 각종 어태치먼트를 담을 수 있는 항목을 뜻합니다.

❺ 🖺 **이미지 아이콘**: 이미지는 슬롯 안에 추가되는 어태치먼트 중 하나입니다.

여기서 3번 초록색 뼈 아이콘 외에도 빨간색과 노란색 뼈 아이콘이 있는데 이들은 어떤 차이가 있을까요? 기능상으로는 아무 차이도 없고, 단지 편의를 위해 다른 색상을 지정한 것뿐입니다. 뼈를 선택하고 트리 탭 하단을 보면 해당 뼈의 각종 속성을 확인하고 설정할 수 있습니다.

예를 들어 다음 그림은 rear_thigh 뼈를 선택한 모습이며, **색상**이 빨간색으로 지정되어 있습니다. 요소의 아이콘도 **Icon**을 눌러 바꿀 수 있습니다. 앞에서 십자가 모양의 루트 아이콘도 뼈이지만 아이콘만 다를 뿐입니다.

뼈 속성 설정

이 밖에도 메쉬, 경계 상자 등 다른 어태치먼트 아이콘이 여럿 있으나, 이를 한 번에 알려고 할 필요는 없습니다. 책을 진행해나가며 필요한 부분에서 설명하겠습니다.

다음으로 **메트릭** 탭은 전체 프로젝트의 속성 값과 선택된 뼈의 속성 값을 표시합니다.

메트릭 탭

아웃라인 탭은 프로젝트 전체의 내용을 전반적으로 확인할 수 있는 탭입니다. 아웃라인 탭에서 원하는 부분을 클릭하면 작업창이 해당 자리로 이동합니다.

아웃라인 탭

슬롯 색상 탭은 슬롯의 색상을 제어할 수 있게 해줍니다. 슬롯은 작업창과 트리에 해당 아이콘으로 표시되며 어태치먼트를 하위 항목으로 가질 수도 있습니다. 주로 이미지를 슬롯 안에 추가합니다. 색상 변경이 불가능한 요소를 선택하면 슬롯 색상 탭에는 아무런 표시가 되지 않습니다.

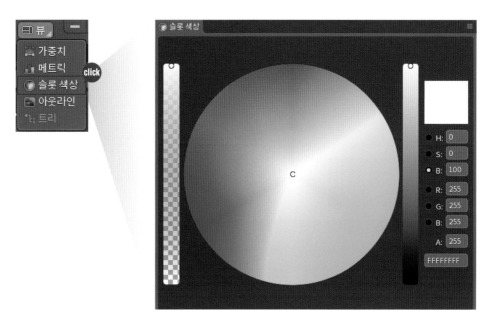

슬롯 색상 탭

다음은 **가중치** 탭입니다. 뼈나 메쉬 속성에 대한 값을 수정하거나 확인할 수 있습니다.

가중치 탭

각 탭의 기능은 이후 책을 진행하며 관련 기능을 설명할 때 좀 더 자세히 다루겠습니다.

3.4 ANIMATE 모드

기본 상태인 SETUP 모드에서 **SETUP** 텍스트 자체를 누르면 ANIMATE 모드로 전환됩니다.
ANIMATE 모드에서 SETUP 모드로 전환할 때도 마찬가지로 하면 됩니다.

ANIMATE 모드

ANIMATE 모드도 바뀌면 작업창 하단 툴바 아래에 **도프 시트**가 나타납니다(작업창의 툴바는
SETUP 모드와 동일합니다). 이 도프 시트에서 프레임별로 애니메이션을 설정하고 제어하며
적용된 애니메이션을 확인할 수 있습니다.

3.4.1 도프 시트

도프 시트의 타임라인에서는 각 프레임을 선택할 수 있습니다. 애니메이션을 재생하고 현재 어느 프레임이 동작 중인지도 확인 가능합니다.

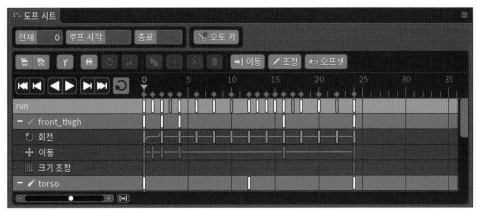

도프 시트

타임라인 위에는 재생과 거꾸로 재생, 건너뛰기, 반복 재생 등의 역할을 하는 버튼들이 있습니다. 한 번씩 눌러보면 쉽게 파악할 수 있는 기능들이며, 다음 장에서 다시 살펴볼 것입니다.

재생 관련 버튼

3.4.2 뷰

ANIMATE 모드에서도 오른쪽 상단의 뷰를 선택하면 각종 뷰를 이용할 수 있습니다. 기본적으로는 트리와 도프 시트 탭이 선택되어 있습니다. 목록을 보면 SETUP 모드에서 봤던 것도 있지만, 보지 못했던 탭도 있습니다.

ANIMATE 모드의 뷰

가중치, 메트릭, 슬롯 색상, 아웃라인, 트리 탭은 SETUP 모드와 동일합니다. SETUP 모드에서 보지 못했던 탭들에 대해서만 살펴보겠습니다.

먼저 애니메이션 탭입니다. 애니메이션 탭에서는 프로젝트에서 추가되어 있는 애니메이션을 확인할 수 있습니다. 뷰에서 애니메이션을 선택하고 도프 시트에서 재생하면 해당 애니메이션의 움직임을 작업창에서 확인할 수 있습니다.

ANIMATE 모드의 뷰에 표시된 애니메이션 목록

고스팅 탭은 이전 프레임과 이후 프레임을 현재 프레임과 함께 보여주면서 작업할 수 있게 해줍니다.

고스팅 탭

프레임 항목에서 **이전** 또는 **이후**를 체크하고 애니메이션을 재생해보면 어떤 기능인지 쉽게 알 수 있습니다.

여러 프레임이 겹쳐서 재생되는 모습

다음은 **그래프** 탭입니다. 그래프 탭에서는 애니메이션을 설정할 때 키 프레임 사이의 애니메이션을 보간할 수 있습니다. 곡선 형태는 선형, 베지어, 계단형 3가지가 존재하며, 원하는 애니메이션에 따라 그래프를 변화시켜 애니메이션을 최적화할 수 있습니다. 이 기능에 대해서는 4장에서 자세히 살펴볼 것이므로 여기서는 이 정도만 알고 넘어가겠습니다.

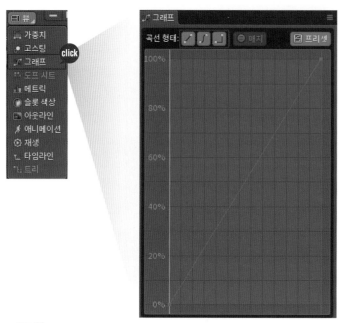

그래프 탭

재생 탭은 재생 속도를 조정하고, 그래프 탭에서 설정한 내용을 어떻게 표시할지 지정할 수 있습니다. **계단형**을 선택하면 애니메이션 실행 시, 그래프 탭에서 계단형을 지정한 것처럼 프레임의 마지막에 애니메이션이 동작하게 됩니다. **보간됨**을 선택하면 그래프에서 보간된 내용을 적용하여 재생합니다. 둘 중 어떤 것도 선택하지 않으면 선형 그래프로 동작하게 됩니다. 그래프에 변화를 주었는데 원하는 대로 동작하지 않는 경우 재생 탭을 확인해보면 원인을 찾을 수 있습니다.

재생 탭

타임라인 탭은 도프 시트에 있는 타임라인과 동일한 기능을 합니다.

타임라인 탭

단순히 메뉴 설명만으로는 실제로 애니메이션을 어떻게 만드는지 막연하게 느껴질 수 있습니다. 다음 장에서 직접 간단한 애니메이션을 만들어보며 그 사용법을 익혀볼 것입니다.

3.5 마치며

- 스파인 메뉴와 단축키를 살펴봤습니다. 실제 사용하면서 익숙해질 것입니다.

- 스파인의 작동 모드는 크게 SETUP 모드와 ANIMATE 모드로 나뉩니다.

- SETUP 모드에서는 Tools, Transform, Axes, Compensate, Options 등의 툴바를 사용합니다.

- ANIMATE 모드에는 도프 시트가 추가되며 이를 이용해 애니메이션을 프레임 단위로 제어합니다.

- 두 모드 모두에서 뷰 기능을 이용해 다양한 탭에 접근할 수 있습니다.

CHAPTER 4

이미지와 애니메이션

이제 편집기가 어떻게 생겼고 어떤 메뉴들이 있는지는 알게 되었을 것입니다. 이번 장에서는 스파인의 기초 중에서도 기초, 즉 이미지를 추가하고 배치하고 애니메이션을 동작시키는 방법을 알아보겠습니다.

4.1 이미지

스파인에서 **이미지**란 그림 파일을 나타냅니다. 뼈대에 추가될 때는 슬롯에 담겨 '영역' 어태치먼트로 추가됩니다. 5장에서 설명할 스파인 어태치먼트 중 가장 기본이 되는 어태치먼트라고 할 수 있습니다. 트리 탭의 이미지에 그림 파일이 들어 있는 최상단 폴더 경로만 추가해놓으면 하위 모든 경로의 이미지를 가져와 사용 가능합니다. 필요한 이미지를 하나씩 추가할 필요는 없습니다.

이미지를 추가할 때는 프로젝트 파일 자체에 이미지가 포함되는 것이 아니라 단지 상대 경로로 참조될 뿐입니다. 따라서 프로젝트를 다른 곳으로 복사하거나 이동하려면 이미지들이 들어 있는 폴더도 함께 복사해야 합니다.

기본적으로 열려 있는 스파인보이의 트리 탭 중 **이미지**를 보면 이미 그림 파일들이 추가되어 있습니다.

스파인보이의 이미지

추가된 이미지 항목 위에 마우스를 올려두면 미리보기가 나타납니다.

미리보기

이미지 항목(하위 개별 항목이 아니라 '이미지' 항목 자체)을 선택하고 트리 탭의 하단을 보면 이미지의 경로를 설정할 수 있습니다. 여기서 [탐색] 버튼을 누르고 이미지들이 들어 있는 폴더를 선택하면 선택한 폴더의 그림 파일들이 추가됩니다.

이미지 경로

이제 이미지의 경로를 추가해 프로젝트에 포함하는 방법은 알았으니 이미지를 어떻게 사용하는지 알아보겠습니다. 이미지에서 추가할 그림 파일을 선택하고 드래그하여 작업창에 끌어다가 놓습니다. 그럼 이미지가 추가됩니다. 추가된 슬롯은 기본적으로 파일명으로 추가되지만 원하는 이름으로 변경할 수도 있습니다.

예를 들어 **eye_indifferent** 이미지를 작업창의 빈 공간으로 드래그해봅시다. 루트인 hip 아래에 이미지 이름과 같은 슬롯이 하나 생겼습니다. 이미지는 뼈대에 이미지 자체로 직접 추가할 수는 없고 이렇게 슬롯에 담아서 추가해야 합니다. 이렇게 슬롯에 담기는 요소를 어태치먼트라고 부르며, 5장에서 이미지 등의 어태치먼트에 대해 설명할 것입니다.

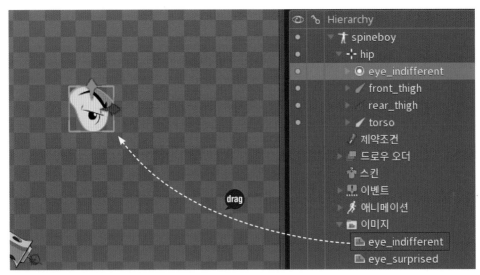

이미지 추가

슬롯이나 어태치먼트를 더블 클릭하면 이름을 변경할 수 있습니다.

슬롯 이름 변경

이런 식으로 원하는 이미지를 추가할 수 있습니다.

이미지가 보이는 순서를 앞이나 뒤로 변경하기 위해서는 **드로우 오더**를 변경하면 됩니다. 가장
마지막으로 추가한 이미지가 최상단의 드로우 오더로 위치하게 됩니다.

드로우 오더

드로우 오더에서 이미지가 상단에 있으면 다른 이미지들보다 위에(앞에) 보이게 되고, 하단에 있으면 다른 이미지들 아래로(뒤로) 오게 됩니다. 이 순서는 드래그하여 임의로 순서를 바꿀 수도 있습니다. 또한 단축키로 사용할 수도 있는데 키보드의 + 키를 누르면 상위로, - 키를 누르면 하위로 변경됩니다. Shift 를 누른 채로 +나 -를 누르면 5단계씩 드로우 오더가 변경됩니다.

4.2 툴바

작업창에서 사용할 수 있는 툴바에 대해서는 앞에서 이미 간단하게 설명했습니다. 이번에는 직접 사용해보면서 툴바에 있는 각 기능의 사용법을 익혀보겠습니다. 자주 사용하는 기능 중심으로 살펴보겠습니다.

4.2.1 선택

먼저 원하는 슬롯이나 뼈를 선택하는 방법을 알아보겠습니다. 물론 작업창에서 원하는 이미지를 마우스로 선택하는 것이 가장 간단한 방법입니다. 이미지나 뼈를 선택하면 선택한 항목이 하이라이트되어 표시되고 선택한 이미지나 뼈가 트리 탭에 표시됩니다.

이미지가 겹쳐 있어 작업창에서 선택이 어려운 경우 트리 탭에서 선택해도 됩니다.

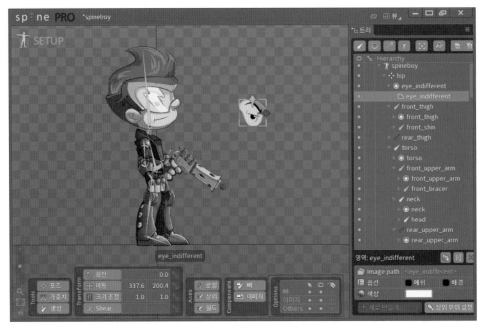

이미지 선택

참고로, 뼈를 선택하고 싶은데 이미지가 계속 선택되는 경우가 있습니다. 이럴 땐 Options에서 이미지 선택을 해제한 다음 작업창에서 다시 뼈를 선택하면 쉽게 선택할 수 있습니다. 이미지가 보이지 않도록 표시를 잠시 꺼두는 방법도 있습니다. 반대로 이미지만 선택하고 싶다면 뼈의 선택이나 표시를 꺼주면 됩니다.

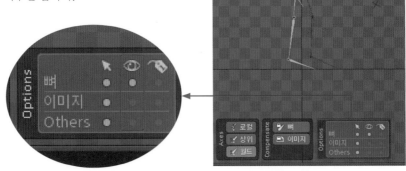

뼈만 표시되게 바꾼 화면

여러 항목을 선택하기 위해서는 [Ctrl] 키를 누른 상태에서 원하는 항목들을 선택합니다. 요소를 선택한 상태에서 [Esc] 키를 누르면 선택이 해제됩니다.

자주 사용하는 항목의 경우 단축키를 등록할 수 있습니다. [Ctrl] + 숫자 키로 등록하고, 등록한 숫자 키를 누르면 저장해놓은 항목들이 선택됩니다.

4.2.2 이동

다음은 이동 툴의 기능에 대해 알아보겠습니다. 이동 툴은 하단 툴바에서 클릭해도 되고, 단축키 [V]로 선택할 수도 있습니다. 이동 툴은 말 그대로 요소의 위치를 변경하는 도구입니다. 위치를 변경할 슬롯이나 뼈를 선택하면 다음 그림과 같이 화살표가 나타납니다.

이동 툴

선택한 요소를 드래그하면 원하는 곳으로 이동할 수 있습니다. 붉은 화살표를 선택하고 드래그하면 X 좌표로만 이동되며 초록 화살표를 선택하면 Y 좌표로만 이동됩니다.

툴바의 Transform에서 수치를 직접 입력해 위치를 지정할 수도 있습니다.

수치 입력

4.2.3 회전

회전 툴도 툴바에서 선택하거나 단축키 ⓒ로 선택할 수 있습니다. 이 툴은 이동 툴과 비슷하게
사용할 수 있습니다. 회전 툴을 선택하면 그림처럼 요소의 중심점에 동그라미가 표시됩니다.

회전 툴

회전 툴을 선택한 상태에서 마우스를 움직이면 중심점을 기준으로 이미지가 회전합니다. ⌈Shift⌉
키를 누른 상태로 회전하면 15도씩 회전합니다.

회전하는 모습

Transform의 회전 부분을 보면 현재 회전한 각도가 표시됩니다. 여기서 직접 각도를 입력해
도 됩니다.

수치 입력

4.2.4 크기 조정

크기 조정 툴의 단축키는 Ⓧ입니다. 크기 조정 툴을 선택하면 그림처럼 말풍선같이 생긴 화살표가 표시됩니다.

크기 조정

오른쪽이나 상단으로 드래그하면 이미지가 커지고, 왼쪽이나 하단으로 드래그하면 이미지가 작아집니다. 붉은색 아이콘을 선택하고 드래그하면 X 좌표로만 확대/축소되고, 초록색 아이콘을 선택하고 드래그하면 Y 좌표로만 확대/축소됩니다.

Transform에서 크기 조정 부분을 보면 왼쪽에 X, 오른쪽에 Y 배율이 표시됩니다. 이곳에 원하는 값을 직접 입력해도 됩니다.

수치 입력

4.2.5 Shear 및 생성

Shear 툴은 뼈를 선택하여 뼈의 축을 비틀거나 기울이는 기능입니다. 이 툴은 뼈를 선택해야만 동작합니다.

우리는 앞 절에서 작업창에 eye_indifferent 이미지를 추가했습니다. 여기에 뼈를 추가해보겠습니다. 먼저 뼈 생성 툴을 선택합니다.

생성 툴

이제 트리 탭에서 루트인 **hip**을 선택하고 작업창에 추가한 눈 이미지 위에 마우스를 놓고 드래그 또는 클릭하면 뼈가 생성됩니다. 클릭하면 길이가 없는 뼈가, 드래그하면 길이가 있는는 뼈가 생성됩니다. 아래 그림에서는 이미지의 거의 가운데 눈썹 부분부터 아래로 수직으로 드래그했습니다.

뼈 생성

이제 트리 탭을 보면 hip에 bone이 추가된 것을 확인할 수 있습니다.

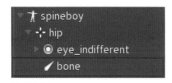

추가된 뼈

트리 탭에서 **eye_indifferent**를 드래그하여 bone의 아래로 이동합니다. bone 하위에 eye_indifferent가 추가되었습니다.

요소 이동

이제 **Shear** 툴을 선택하고 방금 만든 뼈 **bone**를 선택합니다. 단축키는 Z입니다.

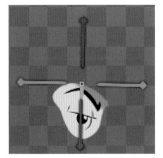

Shear 툴

초록색 선은 X 축을, 붉은색 선은 Y 축을 변화시킬 수 있습니다.

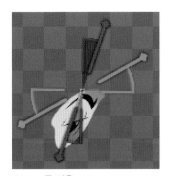

Shear 툴 적용

마찬가지로 **Transform**에서 X 축 및 Y 축 부분에 직접 원하는 값을 입력해도 됩니다.

Transform		
회전		268.9
이동	-211.4	371.8
크기 조정	1.0	1.0
Shear	-18.12	29.87

수치 입력

4.2.6 포즈

다음은 Tools에 있는 **포즈** 툴의 기능에 대해 알아보겠습니다. 포즈 툴은 여러 뼈를 선택하여 다이나믹하게 속성을 변경할 수 있습니다.

포즈 툴

포즈 기능이 어떤 건지 감을 잡는 데에는 스파인보이보다는 dragon(드래곤) 샘플 프로젝트가 더 적합합니다. 메뉴의 **프로젝트 열기...**를 클릭하고 스파인 설치 폴더 아래 examples 폴더에 있는 dragon.spine 프로젝트 파일을 열어봅시다.

못생긴 드래곤이 한 마리 보일 것입니다. 이 드래곤의 꼬리 생김새를 변형하고 싶다고 해봅시다. 어떻게 하면 좋을까요?

드래곤 샘플 프로젝트

이 꼬리 부분을 포즈를 이용해 이해하기 쉽게 한번 움직여보겠습니다. 트리 탭을 보면 꼬리는 tail1 뼈 아래 tail2 뼈가 있고 그 아래 tail3이 있는 식으로 tail6까지가 연결되어 있습니다. 그림과 같이 트리 탭의 root 〉 COG 〉 back에서 **tail1**부터 **tail6**까지를 모두 선택합니다. tail1을 먼저 선택하고 [Shift]를 누른 상태에서 tail6을 누르면 복수 선택이 됩니다.

꼬리 전체를 선택한 모습

트리 탭에서 꼬리 뼈를 선택한 다음, 포즈 툴을 선택하고 꼬리 끝(**tail6**)에 마우스를 가져가면 붉은색 원형 아이콘이 생깁니다. 이 부분을 잡고 위아래로 움직여보면 꼬리 전체가 자연스럽게 움직이는 것을 확인할 수 있습니다. 이런 식으로 포즈를 이용하면 연결된 뼈의 속성을 자연스럽게 변경할 수 있습니다.

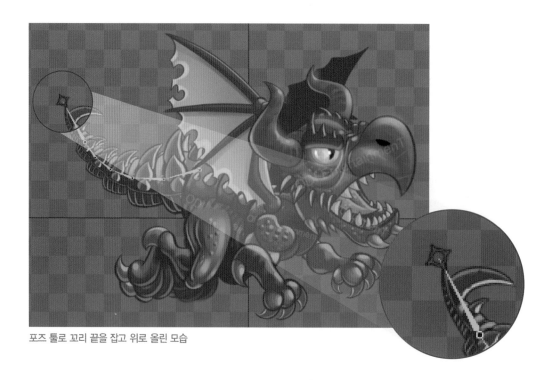

포즈 툴로 꼬리 끝을 잡고 위로 올린 모습

4.3 애니메이션

이제 몇 가지 툴을 사용해봤으니 애니메이션 기능을 훑어보겠습니다.

4.3.1 도프 시트

도프 시트의 타임라인에서 각 프레임별 모습을 볼 수 있습니다. 스파인에서는 프레임 단위로 **키**를 설정하여 애니메이션을 만들게 되며, 이때 각 키에 해당하는 프레임을 **키 프레임**이라고 합니다.

이제 우리에게 익숙한 스파인보이 샘플 프로젝트를 다시 열고 ANIMATE 모드로 변경한 뒤 도프 시트를 확인해봅시다. 앞에서도 말했듯 도프 시트는 애니메이션에서 아주 중요한 역할을 합니다.

스파인보이의 도프 시트

도프 시트에서 위쪽을 보면 타임라인의 현재 프레임 위치를 가리키는 **현재**, 루프를 시작하고 끝낼 프레임 위치를 나타내는 **루프 시작**과 **종료** 프레임이 표시됩니다. 처음부터 끝까지 애니메이션을 동작시키려면 루프 시작과 종료 부분은 비워놓으면 됩니다. 예를 들어 5프레임부터 10프레임까지만을 반복하려면 루프 시작에 5, 종료에 10을 입력하면 됩니다.

루프 시작과 종료

애니메이션을 확인하려면 어떻게 할까요? 우리에게 익숙한 재생과 관련된 버튼들이 아래에 보입니다. 왼쪽 두 개 버튼은 맨 앞 프레임 및 직전 프레임으로 이동하는 버튼이고, 그다음 두 버튼은 앞으로 재생, 뒤로 재생 버튼입니다. 그다음 두 버튼은 바로 다음 프레임 및 맨 뒤 프레임으로 이동합니다. 마지막 파란색 버튼은 반복 재생 여부를 뜻합니다. 기본적으로 체크가 되어 있으며, 프레임 마지막 다음에 프레임 시작 부분으로 이동되어 자연스럽게 반복됩니다.

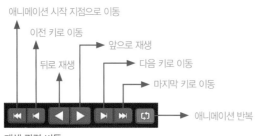

재생 관련 버튼

트리 탭 부분에서 애니메이션을 눌러보면 이미 여러 애니메이션이 정의되어 만들어져 있습니다. 트리 탭의 맨 왼쪽 열에 있는 **뷰 아이콘**(⬤) 부분을 누르면 원하는 애니메이션을 선택할 수 있고, 재생 관련 버튼으로 플레이해볼 수 있습니다.

트리 탭의 애니메이션

4.3.2 새 애니메이션과 키 프레임 만들기

그럼 간단한 애니메이션을 예제 삼아 애니메이션을 만드는 방법을 살펴보겠습니다. 트리 탭에서 **애니메이션** 항목(하위 개별 항목이 아니라 '애니메이션' 항목 자체)을 선택하면 트리 탭 하단에 [새 애니메이션] 버튼이 보입니다. 이 버튼을 누르면 애니메이션을 새로 생성할 수 있습니다.

새 애니메이션

버튼을 누르면 새 애니메이션의 이름을 입력하라는 새로운 창이 뜹니다. 여기서는 간단히 **Test**라고 지정하겠습니다. [확인] 버튼을 누릅니다. 이 Test 애니메이션은 이 장이 끝날 때까지 예제로 사용할 것입니다.

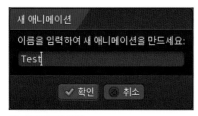

새 애니메이션 이름

이제 애니메이션 항목 아래에 Test라는 애니메이션이 생겼고 선택도 되어 있습니다.

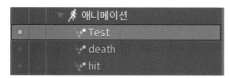

Test 애니메이션

물론 기존에 만들어둔 애니메이션을 복사하여 조금만 변경하고 싶은 경우에는 기존 애니메이션을 복사할 수도 있습니다. 예를 들어 run 애니메이션 항목을 선택하고 오른쪽 하단을 보면 버튼 세 개가 있습니다. 왼쪽부터 **복제**( ), **이름 변경**( ), **삭제**( )입니다. 해당 애니메이션 항목을 더블 클릭해도 이름을 변경할 수 있습니다.

애니메이션 버튼

여기서 **복제**( )를 누르면 애니메이션이 복사되는 것을 확인할 수 있습니다.

복사된 run2 애니메이션

다시 Test 애니메이션으로 돌아오겠습니다. 트리 탭에서 Test 애니메이션 항목을 선택합니다. 현재 Test 애니메이션의 도프 시트에는 아무 내용도 없을 것입니다. 타임라인에서 상단의 눈금자처럼 생긴 곳에서 프레임을 선택하면 원하는 프레임으로 이동합니다. 우선 시작 프레임인 0 프레임을 선택합니다.

0프레임

그다음 애니메이션을 적용할 슬롯이나 뼈를 선택합니다. 트리 탭에서 루트인 **hip**을 선택하고, Transform 부분을 보면 초록색 열쇠 모양 아이콘들이 보입니다. 이 아이콘들이 바로 키 아이콘들입니다. 애니메이션을 만들 때는 이 키 아이콘을 이용해 키 프레임을 추가합니다. 원하는 프레임에 원하는 속성을 적용하여 키를 적용하면 해당 프레임까지 중간 부분을 스파인에서 알아서 보간하여 생성해줍니다.

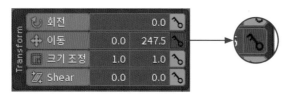

hip을 선택한 상태의 Transform

우선 '이동' 애니메이션을 적용해보겠습니다. 이동 부분의 키를 클릭하면 붉은색으로 바뀌는 것을 확인할 수 있습니다.

↻ 회전		0.0	
✛ 이동	0.0	247.5	
▦ 크기 조정	1.0	1.0	
⊿ Shear	0.0	0.0	

이동 애니메이션을 적용한 뒤 Transform

이 붉은색 키 부분이 애니메이션에서 가장 중요한 포인트입니다. 붉은색 열쇠 아이콘은 키 프레임이 추가되어 있다는 표시입니다. 키가 적용되면 도프 시트의 해당 애니메이션 항목 아래에 해당 뼈와 애니메이션 항목이 추가됩니다. 이 예제의 경우 루트인 hip에 이동 애니메이션의 키가 적용되었음을 확인할 수 있습니다. 또한 눈금자 모양의 0 아래에도 붉은색 마름모가 생겼는데 이는 하나 이상의 키를 가지고 있는 프레임이라는 뜻입니다.

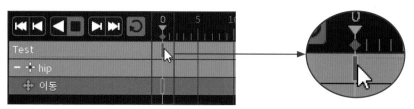

추가된 이동 애니메이션 항목

애니메이션을 만들 때는 애니메이션의 시작과 끝을 맞춰야 반복하기 용이합니다. 즉 애니메이션을 반복하기 위해서는 첫 프레임과 마지막 프레임이 같은 모양이어야 자연스럽게 동작합니다. 이를 위해 키 프레임을 복사할 일이 자주 생길 것입니다. 프레임을 복사하거나 잘라내고 붙여넣을 때는 도프 시트에서 다음 네 개 버튼을 이용합니다. 순서대로 **복사**(🗐), **잘라내기**(✂), **삭제**(✖), **붙여넣기**(📋)입니다.

복사, 잘라내기, 삭제, 붙여넣기 버튼

이들 버튼 위에 마우스를 올려놓고 기다리면 '선택한 키를 클립보드로 복사' 등 설명이 표시되는 것을 볼 수 있습니다. 다른 여러 프로그램에서 사용하는 것과 마찬가지로 복사, 잘라내기, 삭제, 붙여넣기의 단축키는 각각 Ctrl + C, Ctrl + X, Delete, Ctrl + V입니다. 이 단축키들을 이용하여 빠르게 작업할 수 있습니다.

이들 버튼은 타임라인에서 키 프레임에 있는 애니메이션을 선택하지 않은 상태에서는 활성화되지 않습니다(클립보드에 내용이 들어 있다면 붙여넣기만 활성화됩니다). 다음과 같이 눈금자 아래 키 프레임 애니메이션임을 가리키는 세로로 길쭉한 네모를 선택해야만 작업을 할 수 있습니다. 우리 예제에서는 0번 키 프레임의 애니메이션을 선택하고 **복사**(🗐)를 눌러봅시다.

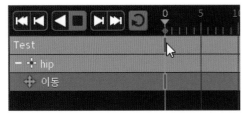

프레임 선택 및 복사

그다음 40프레임을 선택한 다음 **붙여넣기**(📋) 또는 Ctrl + V 를 누릅니다.

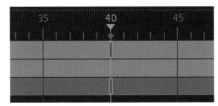

40프레임에 붙여넣은 키 프레임

이렇게 40프레임에 0프레임과 동일한 키 프레임이 생성되었습니다.

4.3.3 이동 애니메이션 예제

그럼 이제 10프레임까지 오른쪽으로 이동했다 20프레임에 뒤로 돌고 30프레임에서 왼쪽으로 이동하고 40프레임에서 다시 원래 위치로 돌아가도록 애니메이션을 생성해보겠습니다.

적용한 키 프레임을 삭제하려면 해당 키 프레임(세로로 길쭉한 네모 모양)을 더블 클릭하거나 해당 키 프레임을 선택하고 Delete 키를 누르면 됩니다.

현재 예제에서는 0프레임과 40프레임에 이동 애니메이션 키 프레임이 생성된 상태입니다. 이제 10프레임을 선택하고 (hip이 선택되어 있지 않다면 hip을 선택하고) 이동 툴을 이용해 오른쪽으로 200만큼 이동해주세요. 마우스로 드래그해도 되고 Transform의 이동 항목에 직접 **200**(X 축)을 입력해도 됩니다.

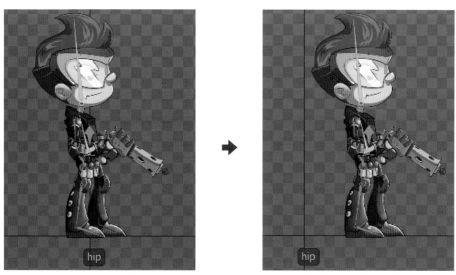

0에서 오른쪽으로 200 이동

이 상태에서 **이동** 부분을 보면 주황색으로 키가 표시됩니다. 해당 애니메이션에 변경 사항이 있으면 자동으로 색깔이 바뀌는 것입니다.

주황색으로 바뀐 키 아이콘

이때 키 아이콘을 클릭하여 붉은색으로 바꿔야 키가 추가됩니다. 즉 10프레임에 이동 애니메이션의 키 프레임이 추가되었습니다.

키 프레임 추가

타임라인을 보면 10프레임에 이동 키 프레임이 추가된 것을 볼 수 있고 이동 항목에 가로로 하얀 선이 그려졌습니다. 이 선은 그래프의 곡선을 나타내며, 직선은 가속도가 없는 애니메이션을 나타냅니다. 그래프에 대해서는 곧이어 다시 살펴보겠습니다.

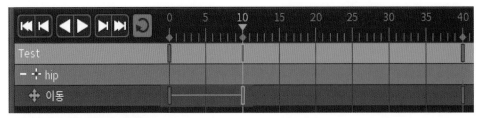

타임라인에 표시된 이동 애니메이션

일단 이 상태에서 0프레임을 선택하고 애니메이션을 재생해봅니다. 그럼 10프레임까지 오른쪽으로 이동하고 11프레임부터 40프레임까지는 천천히 제자리로 돌아오는 것을 볼 수 있습니다. 이런 식으로 애니메이션을 만들어가는 것입니다.

다음으로 20프레임까지 스파인보이를 원래 위치로 이동시키고, 30프레임까지 왼쪽으로 200 정도 이동시키겠습니다.

20프레임을 선택하고 이동의 X 축에 **0**을 입력하고 키 아이콘을 누릅니다.

20프레임

30프레임을 선택하고 이동의 X 축에 **–200**을 입력하고 키 아이콘을 누릅니다.

30프레임

이렇게 해서 0프레임, 10프레임, 20프레임, 30프레임, 40프레임에 키 프레임이 추가되었습니다. 여기서 40프레임을 보면 붉은 마름모 위에 있는 눈금도 붉은색인데, 이는 해당 애니메이션의 마지막 프레임임을 나타냅니다. 다른 프레임들과 눈금 색이 다릅니다.

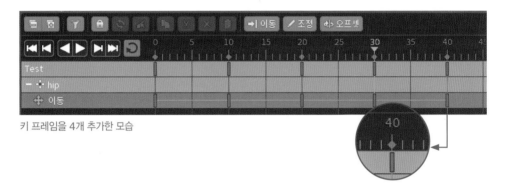

키 프레임을 4개 추가한 모습

이제 이 애니메이션을 실행시키면 10프레임까지 오른쪽으로 이동하고 20프레임에는 제자리로 돌아오고 30프레임까지 왼쪽으로 이동하고 40프레임에는 다시 제자리로 돌아오는 애니메이션이 완성되었습니다.

4.3.4 애니메이션 그래프 활용하기

끝으로 애니메이션의 가속도를 조절하는 방법을 살펴보겠습니다. 이는 자연스러운 애니메이션을 위해서는 필수적인 요소입니다. 원하는 키 프레임을 선택하고 그래프 탭에서 조절할 수 있습니다.

앞에서 만든 Test 애니메이션을 선택하고 0프레임(키 프레임)을 선택합니다. 그다음 뷰에서 **그래프**를 눌러 그래프 탭을 표시합니다.

그래프 탭 선택

복사 등 버튼과 마찬가지로 애니메이션의 시작 키 프레임 애니메이션을 선택해야만 그래프의 곡선 형태를 바꿀 수 있습니다. 애니메이션의 가속도를 나타내는 **곡선 형태**를 보면 기본적으로 **선형 곡선**(▨), 즉 직선이 선택되어 있습니다. 선형 곡선은 모두 같은 가속도로 애니메이션이 실행됩니다. 그 오른쪽에 있는 것은 **베지어 곡선**(▨)입니다. 베지어 곡선을 선택하면 애니메이션의 가속도를 변경할 수 있습니다. 다음은 **계단형 곡선**(▨)으로서 프레임 마지막 순간에 바로 적용이 되는 형태입니다.

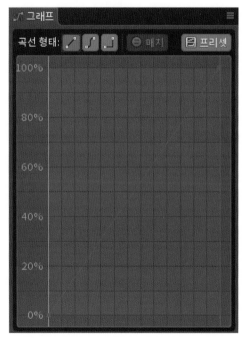

곡선 형태(선형 곡선)

예를 들어 **베지어 곡선**을 선택해서 곡선을 변경하여 애니메이션을 자연스럽게 바꿔보겠습니다.

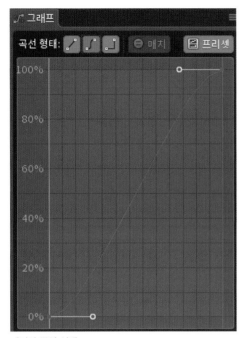

베지어 곡선 선택

곡선을 보면 알 수 있듯, 베지어 곡선은 애니메이션이 서서히 진행되다 중간 부분에서 가장 빨라졌다가 마지막에는 다시 서서히 느려지도록 변경해줍니다. 곡선을 변경하면 도프 시트에서 Test 애니메이션에서 0프레임과 10프레임 사이의 곡선이 베지어 곡선과 똑같은 형태로 바뀐 것을 볼 수 있습니다.

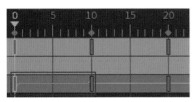

베지어 곡선으로 바뀐 애니메이션 그래프

마찬가지 방법으로 10프레임, 20프레임, 30프레임을 선택하고 애니메이션의 곡선 형태를 모두 베지어 곡선으로 변경해보겠습니다. 이제 애니메이션을 재생해보면 움직임에 가속도가 부여되어 있을 것입니다. 애니메이팅 작업 시 조금 더 자연스러운 모션을 만들기 위해 자주 사용하는 한 가지 방법이라고 할 수 있습니다. 움직임의 타이트함과 루스함을 유동적으로 조정한다고나 할까요.

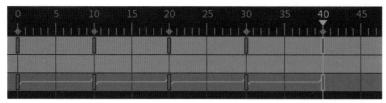

모든 애니메이션을 베지어 곡선으로 바꿨을 때

4.3.5 회전 애니메이션 예제

끝으로 현재 예제에 회전 애니메이션도 함께 추가해보겠습니다. 20프레임까지는 180도 회전하고, 40프레임에서는 360도까지 회전해 원래 상태로 돌아오는 애니메이션을 추가하여 기존 이동 애니메이션과 동시에 동작하게 할 것입니다.

0프레임, 20프레임, 40프레임에 회전 애니메이션 키 프레임을 추가합니다. 앞에서 봤던 것처럼 0프레임을 선택하고 Transform에서 **회전**을 선택하고 키 아이콘을 누릅니다.

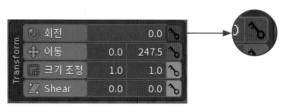

0프레임

20프레임도 마찬가지입니다. 회전 값은 **180도**를 입력합니다.

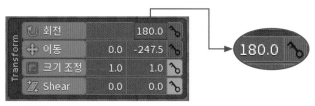

20프레임

40프레임은 **360도**를 입력합니다(360도는 0도와 같으므로 360을 입력하면 자동으로 숫자가 0으로 바뀔 것입니다).

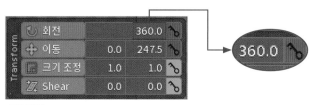

40프레임

도프 시트를 보면 회전 애니메이션이 추가된 것을 확인할 수 있습니다.

추가된 회전 애니메이션

애니메이션을 실행해보면 캐릭터가 회전하면서 동시에 이동하는 애니메이션이 완성된 것을 볼 수 있습니다. 이런 식으로 각 뼈와 슬롯에 애니메이션을 적용하여 원하는 애니메이션을 완성해 나가는 것입니다.

지금까지 기본적인 애니메이션 적용 기술에 대해 배워봤습니다.

4.4 마치며

- 스파인은 이미지를 링크 형식으로 프로젝트에 포함한다는 점을 배웠습니다. 이미지를 추가하고 이름을 바꾸고 드로우 오더를 바꾸는 방법도 살펴봤습니다.

- 선택, 이동, 회전, 크기 조정, Shear, 포즈 등 툴바의 기능을 실제로 따라 해보며 사용법을 익혔습니다.

- 도프 시트에서 애니메이션 재생을 제어하고 키 프레임을 통해 애니메이션을 만들 수 있습니다. 애니메이션에 그래프나 회전 기능을 적용하는 예제도 살펴봤습니다.

어태치먼트, 스킨, 이벤트

지금까지 간단한 애니메이션을 만들어보았지만, 스파인을 사용하려면 어태치먼트, 스킨, 이벤트 등의 개념을 잘 알아야 합니다. 크게 말하면 먼저 뼈를 이용해 골격을 만들고, 각 뼈 아래에 다시 뼈 또는 슬롯을 붙이고, 슬롯 안에는 어태치먼트를 담는 식입니다. 이렇게 만들어진 프로젝트에 스킨을 입히고 이벤트를 구현하면 런타임에서 해당 내용들을 이용하여 캐릭터를 제어할 수 있습니다. 이 장에서는 그 과정을 살펴보고 예제를 이용하여 직접 만들어보겠습니다.

5.1 어태치먼트

스파인에서 어태치먼트는 슬롯이 담고 있는 부속물들을 뜻합니다. 다양한 항목을 슬롯에 추가하기 위해 사용됩니다. 어태치먼트의 종류로는 영역, 메쉬, 경계 상자 등이 있습니다.

5.1.1 영역

스파인에서 이미지는 **영역**region 어태치먼트로 취급됩니다. 영역이라는 명칭은 런타임에서 이미지를 그릴 때 텍스처 아틀라스의 영역을 이용하여 그리기 때문에 붙었습니다. 영어 발음 그대로 '리전'이라고 부르기도 합니다. 또는 이미지 어태치먼트라고 부르기도 합니다.

어태치먼트는 애니메이션에서 변경하여 사용할 수 있습니다. 드래곤 샘플을 보면 날갯짓하는 모습을 자연스럽게 보이기 위해 영역 어태치먼트를 변경하여, 마치 스프라이트 애니메이션처럼 사용합니다. 직접 드래곤 샘플 프로젝트를 열어 확인해보겠습니다.

드래곤 샘플은 드래곤의 날갯짓과 꼬리 움직임 애니메이션이 잘 만들어져 있습니다. 날갯짓이나 꼬리를 이용하는 애니메이션을 만들 경우 드래곤 샘플을 참고하면 많은 도움이 될 것입니다.

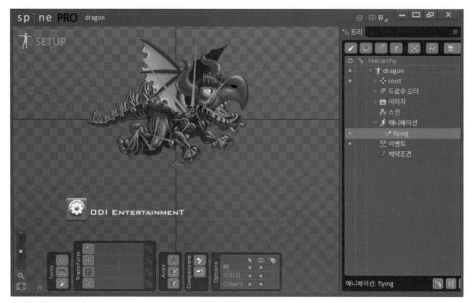

드래곤 샘플 프로젝트

트리 탭에서 L_wing 슬롯과 R_wing 슬롯을 보겠습니다. L_wing 슬롯은 root 〉 COG 〉 chest 〉 L_wing 뼈 아래 있고, R_wing 슬롯은 root 〉 COG 〉 neck 〉 head 〉 R_wing 뼈 아래 있습니다.

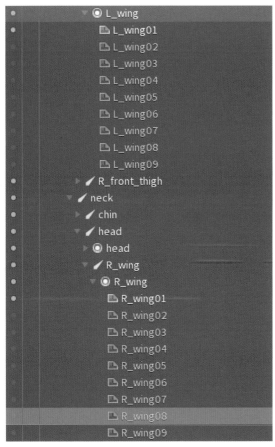

L_wing 슬롯과 R_wing 슬롯

이들 날개 슬롯을 보면 이미지가 각기 9장씩 들어 있는 것을 확인할 수 있습니다. 즉 드래곤 샘플은 이 이미지들을 바꿔가면서 날갯짓하는 애니메이션을 구현한 것입니다.

이처럼 하나의 슬롯 안에는 하나의 이미지만 넣을 수 있는 것이 아니라 여러 이미지를 넣을 수 있습니다. 하지만 하나의 슬롯에서는 한 번에 하나의 어태치먼트만을 화면에 보여줄 수 있습니다.

또한 슬롯 색상 기능을 이용해 어태치먼트에 들어 있는 이미지에 색을 입힐 수도 있습니다. 예를 들어 드래곤 샘플 프로젝트에 들어 있는 로고의 색을 변경해보겠습니다.

트리 탭에서 **logo** 슬롯을 선택하면 트리 탭 하단에 '블렌딩'과 '색상'이 표시됩니다. 기본값으로 흰색이 적용되어 있습니다. 이 흰색 박스를 클릭합니다.

logo 슬롯 선택 화면

그러면 슬롯 색상 선택 창이 뜹니다. 3장에서 살펴봤던 슬롯 색상과 동일합니다. 왼쪽의 세로 막대는 투명도를 조정하는 부분이고, 오른쪽 막대는 채도를 조정하는 곳입니다. 중앙의 원에서 색상을 고를 수 있습니다. 투명도, 색상, 채도를 조합하여 이미지에 다양한 색상 효과를 적용할 수 있습니다.

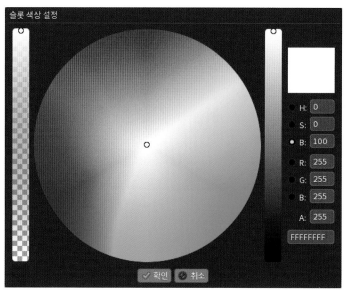

슬롯 색상 설정

투명도와 채도는 그냥 두고 색상만 파란색 계열(0, 8, 255)로 바꿔보겠습니다.

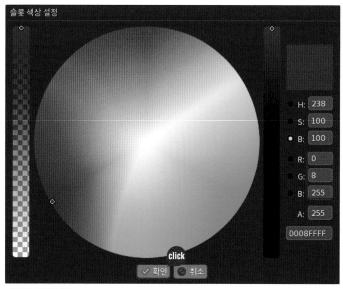

파란색 색상 선택

[확인] 버튼을 누르면 logo 슬롯 이미지의 색상이 변경된 것을 확인할 수 있습니다. 또한 트리 탭에서 logo 슬롯의 슬롯 아이콘에도 파란색이 적용된 것을 볼 수 있습니다.

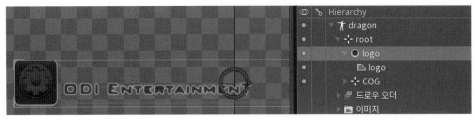

파란색으로 바뀐 로고

ANIMATE 모드에서는 특정 프레임 단위로 슬롯의 색상을 바꾸는 것도 가능합니다. 예를 들어 ANIMATE 모드에서 logo 슬롯을 선택해 색상을 변경하고 나서 바뀐 색상 오른쪽에 있는 키 아이콘을 클릭해서 키 프레임을 만들면, 재생 시 그 프레임부터는 바뀐 색상으로 표시됩니다.

ANIMATE 모드에서 색상을 바꾸고 키 프레임을 만든 모습

5.1.2 메쉬

다음으로 메쉬mesh 기능입니다. 메쉬 기능은 3차원 그래픽스에서 주로 사용하는 하나의 이미지에 여러 버텍스를 추가하면 각 버텍스끼리 가중치에 따라 연계되어 변화하게 할 수 있습니다. 메쉬 기능을 이용하면 하나의 이미지를 여러 구역으로 나누어 부분별로 다양한 효과를 줄 수 있고 이미지 한 장만으로도 다양한 움직임을 표현할 수 있습니다. 예를 들어 액체로 이루어진 슬라임 몬스터를 메쉬를 이용하여 구현하면 통통 튀면서 액체처럼 보일 수 있는 몬스터를 단 한 장의 이미지만로도 만들 수 있습니다.

여기에서는 드래곤 샘플 프로젝트의 로고에 메쉬를 적용해보겠습니다. 사실 메쉬의 특징을 잘 보여줄 수 있는 예제는 캐릭터 얼굴 같은 것이지만 여기에서는 아주 간단히만 살펴보겠습니다. 8장에서 메쉬 기능을 이용해 슬라임을 만들어보며 실습을 해볼 것입니다.

메쉬는 어태치먼트에서 사용할 수 있는 옵션이므로 슬롯이 아닌 슬롯 안의 어태치먼트를 선택해야 합니다. logo 슬롯 안에 있는 **logo** 이미지를 선택하고 트리 탭 하단에 보이는 옵션 중에 **메쉬**에 체크합니다. 체크하면 아래에 메쉬 수정 등의 버튼이 나타납니다. 단, 메쉬 기능은 전문가형(PRO) 버전 이상부터 이용할 수 있습니다.

메쉬 옵션

메쉬 옵션을 체크하면 해당 어태치먼트는 메쉬로 변하게 됩니다. 트리 탭을 보면 슬롯 아래 있는 어태치먼트의 아이콘도 이미지에서 메쉬로 바뀐 것을 알 수 있습니다.

메쉬 아이콘

[메쉬 수정] 버튼을 클릭하면 메쉬 수정 모드로 진입합니다.

메쉬 수정

작업창 상단에는 'Edit Mesh' 텍스트가 표시되며, 하단에 메쉬를 수정할 수 있는 메쉬 수정 툴바가 나타납니다.

메쉬 수정 툴바 상단에 있는 버튼 세 개는 메쉬 **수정**(⬚), **생성**(⬚), **삭제**(⬚) 모드로 들어가는 버튼입니다. 각 버튼을 누르면 마우스 커서에 십자가, +, −가 표시되고 작업창 상단의 텍스트도 바뀌므로 어떤 모드인지 알 수 있습니다.

아랫줄에 있는 버튼은 각기 **새로 만들기**(⬚), **초기화**(⬚), **버텍스 자동 생성**(⬚)입니다. 각 버튼을 누르면 해당 기능이 즉시 적용됩니다.

두 줄의 버튼 아래 '정점'에는 메쉬로 생성된 **버텍스**의 개수가 표시됩니다. 버텍스는 정점 또는 꼭짓점이라고도 부릅니다. 오른쪽의 **변형됨**에 체크하면 변형된 모습이 보이게 됩니다.

메쉬 수정 툴바

이 툴바에는 [생성] 버튼이 2개가 있는데 아이콘이 다르고 기능도 다르니 잘 확인해야 합니다. 윗줄에 있는 버튼은 원하는 곳에 버텍스를 생성하는 툴입니다. 버튼에 마우스를 올리고 기다리면 툴팁 도움말이 뜹니다(혹은 F1 키를 누르면 바로 뜹니다). 이를 읽어보면 이 버튼은 '정점과 모서리 생성' 기능임을 알 수 있습니다.

메쉬 생성

반면, 그 아랫줄에 있는 버튼은 자동으로 버텍스를 생성하는 툴입니다. 도움말 설명은 '메쉬 내에 새 정점 만들기'입니다.

버텍스 자동 생성

먼저 아랫줄에 있는 버텍스 자동 생성부터 확인하겠습니다. 아랫줄에 있는 [생성] 버튼을 한 번 누르면 버텍스들이 자동으로 생성되며, 버텍스 수가 4에서 9로 늘어났음을 알 수 있습니다. 자동으로 버텍스를 만들어주는 기능 정도로 이해하면 됩니다. 버텍스 자동 생성을 여러 번 누르면 좀 더 디테일하게 나뉘며 버텍스 수가 늘어납니다. 버텍스가 많아질수록 자연스럽게 만들 수 있지만 퍼포먼스에 영향을 줄 수 있으므로 적당히 나누는 것이 좋습니다.

자동으로 생성된 버텍스

다음으로 윗줄에 있는 [생성] 버튼을 누르면 버텍스 생성 모드로 들어가고 원하는 선을 클릭하면 그곳에 버텍스를 생성할 수 있습니다.

버텍스를 하나 추가한 모습

[삭제] 버튼을 누르면 삭제 모드로 들어가 생성된 버텍스를 선택해 삭제할 수 있습니다. [수정] 버튼은 현재 생성된 버텍스들의 위치를 변경할 수 있습니다.

아랫줄의 [새로 만들기] 버튼은 버텍스를 모두 새로 만들고, [초기화] 버튼을 누르면 버텍스들이 초기화됩니다.

이런 식으로 SETUP 모드에서 버텍스를 생성하거나 수정할 수 있습니다. 이렇게 생성된 버텍스는 각각의 버텍스별로 스파인의 툴바 기능을 모두 적용할 수 있습니다. 버텍스는 서로 연결된 버텍스에 서로 영향을 줍니다. 하나의 버텍스에 속성을 부여하면 이어져 있는 버텍스들에도 가중치에 따라 속성이 부여됩니다. 즉 회전, 이동, 크기 조정 등이 모두 적용되며, 물론 애니메이션 시에도 똑같이 적용할 수 있습니다. 메쉬를 활용하는 고급 기법이 더 있으나 이 책에서는 이 정도만 소개하겠습니다.

5.1.3 경계 상자

경계 상자ᵇᵒᵘⁿᵈⁱⁿᵍ ᵇᵒˣ는 충돌 체크를 하는 데 많이 사용합니다. 주로 사용하는 장르는 FPS와 격투 게임 등입니다. FPS에서는 총알과 캐릭터의 피격 판정을 위해 사용되며, 격투 게임에서는 캐릭터의 공격이 다른 캐릭터에 맞았는지 충돌 체크를 하는 데 사용합니다.

예를 들어 앉았을 때 애니메이션의 피격 범위와 서 있을 때 애니메이션의 피격 범위는 다릅니다. 따라서 스파인에서는 경계 상자를 이용하여 이를 구분하고 체크할 수 있게 해줍니다. 스파인에서 경계 상자를 정해놓으면 런타임에서는 이 정해진 경계 상자를 불러와 사용하기만 하면 되므로 별도로 계산할 필요가 없어집니다.

경계 상자는 뼈나 슬롯에서 생성할 수 있습니다. 예를 들어 드래곤 샘플 프로젝트에서 용의 머리 부분에 경계 상자를 입혀보겠습니다.

드래곤의 골격을 보면 neck 뼈에 chin과 head 뼈가 붙어 있습니다. neck을 선택하고 트리 탭 하단의 [새로 만들기...] 버튼(➕ 새로 만들기...)을 클릭하면 여러 항목을 생성할 수 있는 드롭다운 목록이 나타납니다. 여기에서 경계 상자 버튼(▣ 경계 상자)을 클릭해봅시다.

경계 상자 새로 만들기

경계 상자의 이름은 적당히 **head_box**라고 입력하고 [확인] 버튼을 클릭합니다.

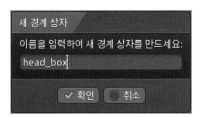

새 경계 상자

이름을 입력하면 작업창 하단에 경계 상자 편집 툴바가 나타나고 상단에는 'Edit Bounding Box' 텍스트가 표시됩니다.

Edit Bounding Box: New
작업창 상단

경계 상자 편집 툴바

포토샵에서 펜툴을 사용하는 것처럼 버텍스로 이루어진 다각형을 그려서 경계 상자를 만들어 줍니다.

경계 상자 그리기

버텍스를 10개 이용해서 용의 머리에 경계 상자를 그려보았습니다. 트리 탭에서 neck 뼈 아래에 head_box 슬롯과 head_box 경계 상자가 추가된 것을 확인할 수 있습니다.

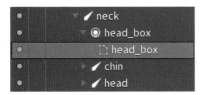

추가된 경계 상자

5.2 스킨

5.2.1 스킨을 사용한 고블린들 샘플 프로젝트

스킨skin은 스파인에서 생성해놓은 이미지 프리셋이라고 볼 수 있습니다. 예를 들어 다음과 같이 이미 만들어져 있는 하나의 뼈대에 옷만 갈아입힌다고 생각하면 쉽습니다.

같은 뼈대, 다른 스킨

이렇게 같은 골격에서 색상 등 겉모양만 다르게 꾸미고 싶을 경우 스킨만 변경하면 하나의 애니메이션을 여러 스킨에서 사용할 수 있습니다.

앞의 그림은 스킨 기능을 사용한 샘플 프로젝트인 goblins(고블린들) 프로젝트의 그림입니다. 직접 열어서 확인해보겠습니다. 스파인 설치 폴더 아래 examples 폴더에 있는 goblins.spine 프로젝트 파일을 열어봅시다.

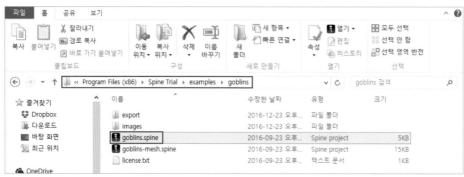

고블린들 샘플 경로

고블린들 샘플 프로젝트가 열리면 남자 고블린이 보일 것입니다.

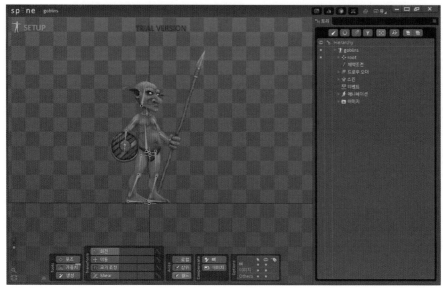

고블린들 샘플 프로젝트

오른쪽 트리 탭에서 **스킨**()을 클릭해 어떤 스킨이 있는지 살펴봅시다. goblin 스킨 및 goblingirl 스킨이 있습니다. 각각 남자 고블린 및 여자 고블린의 스킨입니다. 뷰 아이콘은 goblin에 체크되어 있을 것입니다. 스킨 항목은 옷걸이에 옷을 입혀놓은 모양의 아이콘인 데 반해, 실제 개별 스킨은 옷 모양의 아이콘(   )입니다.

goblin 스킨

goblingirl의 뷰 아이콘을 체크하면 남자 고블린에서 여자 고블린의 모습으로 변경됩니다. 창과 방패를 들고 있지만 기존 남자 고블린과 같은 뼈대를 가지고 있습니다.

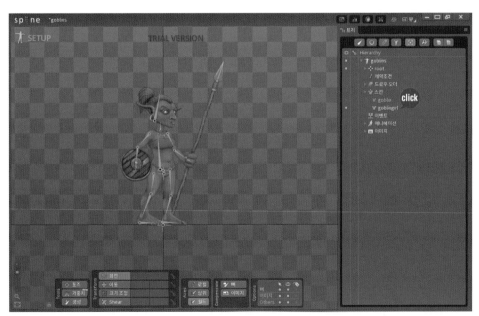

여자 고블린 스킨

이번에는 ANIMATE 모드로 이동해봅시다. 고블린들 샘플 프로젝트의 애니메이션에는 딱 하나 walk 애니메이션이 있습니다. 만약 애니메이션을 재생하는 도중에 스킨을 바꾸면 어떻게 될까요?

애니메이션 재생 중 스킨 변경

애니메이션 도중에도 즉시 스킨이 바뀌는 것을 볼 수 있습니다. 이처럼 같은 뼈대를 가지고 있는 캐릭터의 경우 스킨만 변경하면 되므로 애니메이션을 따로 만들지 않아도 됩니다.

5.2.2 새로운 고블린 스킨 만들어보기

그럼 스킨을 추가하는 방법을 간단히 알아보겠습니다. 현재 열려 있는 고블린들 프로젝트에 새 스킨을 추가할 것입니다.

먼저 SETUP 모드로 다시 변경합니다. 트리 탭에서 **스킨**을 선택하고 트리 탭 하단에서 [새 스킨] 버튼을 클릭합니다.

[새 스킨] 버튼

스킨의 이름은 적당히 **Test**라고 입력하고 [확인] 버튼을 누릅니다.

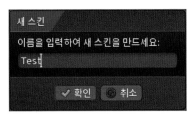
새 스킨 창

스킨 아래에 Test가 생성되었고 Test 스킨이 선택되어 있을 것입니다.

새로 만들어진 Test 스킨

작업창을 보면 비어 있는 새 스킨이 만들어졌습니다. 창과 방패, 그리고 골격만 보일 것입니다. 혹시 뼈가 보이지 않는다면 툴바 Options에서 뼈 뷰 아이콘에 체크되어 있는지 확인해보세요. 창이나 방패는 스킨으로 제작되어 있지 않아 스킨의 영향을 받지 않으며 모든 스킨에서 공통적으로 사용할 수 있습니다.

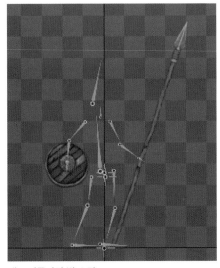
새로 만들어진 빈 스킨

새 스킨은 머리만 남자 스킨을 이용하고 몸통은 여자 스킨으로 만들어보겠습니다. 남자 고블린의 머리 이미지를 추가하기 위해 head 슬롯을 먼저 찾아봅시다. root 〉 hip 〉 torso 〉 neck 〉 head 뼈 아래에 있습니다.

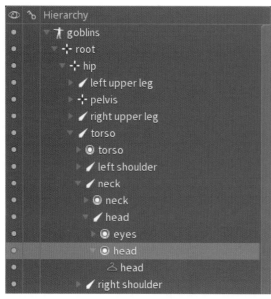

트리 탭에서 선택한 head 슬롯

head 슬롯 아래를 보면 옷걸이 모양의 아이콘(⌂)을 가진 head 스킨 플레이스홀더가 있습니다. 스킨이 옷이라면 스킨 플레이스홀더는 옷을 거는 옷걸이라는 의미에서 아이콘을 디자인한 것 같습니다. 즉 플레이스홀더란 나중에 실제 내용물을 담을 빈 공간을 뜻합니다. 스킨 플레이스홀더 역시 어태치먼트의 하나이지만, 실제 내용물(이미지)이 들어 있는 것이 아니라 자리만 잡아두는 것입니다. 실제 활성화되는 스킨에 따라 다른 이미지들이 어태치먼트로 담겨야 하기 때문입니다.

이 예제에서는 head 스킨 플레이스홀더를 보면 비어 있는 것을 볼 수 있습니다. Test 스킨에 이미지가 들어 있지 않아서입니다. 스킨 플레이스홀더는 스킨에 영향을 받기 때문에 스킨별로 이미지를 넣어주어야 합니다.

트리 탭에 있는 이미지를 다른 슬롯으로 드래그하면 대부분 해당 슬롯에 자동으로 적용됩니다 (작업창에 있는 이미지를 트리 탭으로 드래그하면 슬롯이 새로 생성됩니다). 트리 탭의 **이미지** 에서 남자 고블린의 head 이미지인 **goblin/head**를 찾아 선택한 후 head 스킨 플레이스홀더 로 드래그합시다. 이미지를 선택하면 왼쪽에 미리보기가 표시되므로 어떤 이미지인지 쉽게 확 인하며 잡업할 수 있습니다.

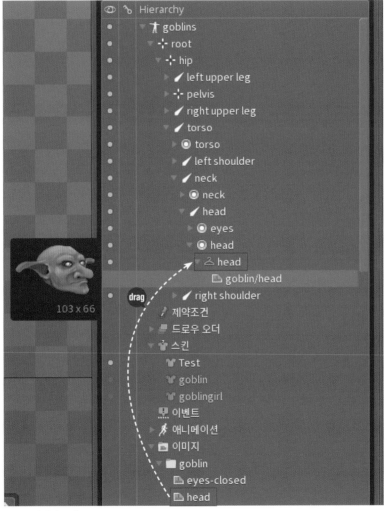

head 이미지 드래그

작업창을 보면 남자 고블린의 머리가 추가되었습니다.

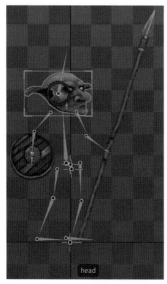

추가된 고블린 머리

마찬가지 방법으로, 여자 고블린의 **torso** 이미지를 찾아 torso 스킨 플레이스홀더에 드래그합니다. 남자 고블린의 이미지는 이미지 중 goblin 폴더에 들어 있었고, 여자 고블린의 이미지는 goblingirl 폴더에 들어 있습니다.

torso 이미지 드래그

작업창을 보면 여자 고블린의 몸통이 추가되었습니다.

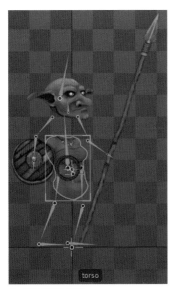

추가된 고블린 몸통

아, 그런데 이미지들 위치가 뼈와 맞지 않는군요. 이동 툴로 머리와 몸통의 위치를 적당히 조정합니다. 둘 다 위로 조금씩 올려주면 됩니다. 이미지를 움직일 때 뼈가 움직이면 안 되므로, 3장에서 살펴봤던 것처럼 Compensate에서 뼈를 체크한 뒤 이미지를 움직이면 편합니다.

머리 및 몸통 이동

이렇게 여자 고블린의 몸에 남자 고블린 머리가 추가된 Test 스킨이 만들어졌습니다. 나머지 이미지들도 같은 방식으로 추가할 수 있을 것입니다.

5.2.3 고블린 스킨에 무기 추가하기

이번에는 스킨 플레이스홀더를 새로 생성하여 손에 들고 있는 무기에도 스킨을 적용해보겠습니다. 기존 남자 고블린과 여자 고블린은 창을 들고 있는데요, 새로 만든 Test 스킨에서는 손에 단검을 들게 해보겠습니다.

먼저 트리 탭에서 **left hand item** 슬롯을 찾아 선택합니다. 이 슬롯을 보면 dagger와 spear 이미지가 있는데, spear 이미지의 뷰 아이콘만 체크되어 있습니다. 스킨 플레이스홀더가 아니라 단순한 이미지이므로 스킨에 따라 달라지지 않고 spear 이미지만 보이는 것입니다. 런타임에서 어태치먼트를 바꾸는 것도 가능하지만(9장에서 다룹니다), 여기서는 스킨을 이용해 바꿔보겠습니다.

left hand item 슬롯

트리 탭 하단의 [새로 만들기...] 버튼을 눌러 **left hand item** 슬롯에 스킨 플레이스홀더를 추가합니다.

스킨 플레이스홀더 추가

스킨 플레이스홀더 이름은 **weapon**이라고 지정하겠습니다.

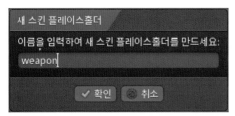

새 스킨 플레이스홀더 추가

이제 weapon이라는 스킨 플레이스홀더가 생성되었습니다.

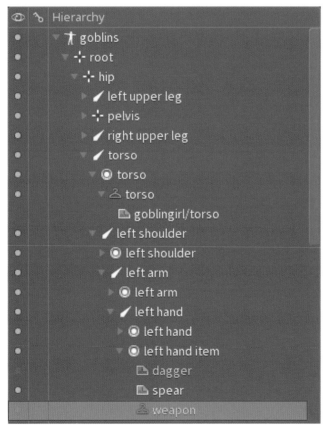

weapon 스킨 플레이스홀더

dagger 이미지를 드래그해서 **weapon** 스킨 플레이스홀더로 이동시킵니다.

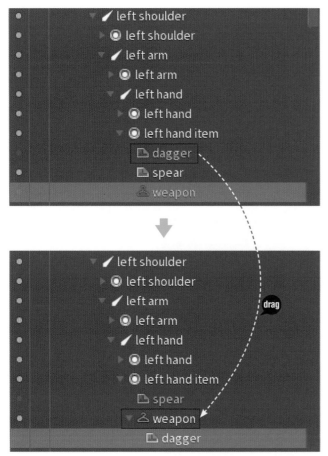

dagger 이미지 이동

만약 weapon 스킨 플레이스홀더의 뷰 아이콘이 자동으로 켜지지 않는다면 뷰 아이콘을 선택하여 weapon 스킨 플레이스홀더가 보이도록 합니다.

스킨 플레이스홀더는 스킨에 따라 적용되므로 dagger 이미지는 Test 스킨에서만 나타나게 됩니다.

이제 goblingirl, goblin, Test 스킨을 각각 선택해서 ANIMATE 모드에서 재생해보면 지정된 스킨으로 애니메이션이 동작하는 것을 확인할 수 있습니다.

각기 다른 스킨의 애니메이션

이런 방법으로 스킨은 애니메이션과 독립적으로 적용할 수 있으므로 다양하게 활용 가능합니다. 여러 스킨을 생성하고 걷기, 뛰기 등의 애니메이션을 생성하면 모든 스킨에서 같은 애니메이션 동작이 가능해집니다.

5.3 이벤트

이벤트는 애니메이션의 특정 프레임에서 런타임으로 이벤트 값을 전달하는 기능입니다. 예를 들어 발이 땅에 닿는 순간 발자국 소리를 추가해야 한다면 어떻게 할까요? 스파인 자체에 사운드를 추가할 수는 없습니다. 대신 이벤트 기능을 이용하여 발이 땅에 닿는 프레임에서 런타임으로 해당 신호를 보내면 런타임에서 해당 사운드를 재생할 수 있습니다.

발자국 외에도 총알이 발사되는 순간의 총소리, 타격 애니메이션에서 타격 순간 나는 소리 등 여러 부분에서 응용하여 사용할 수 있습니다.

5.3.1 스파인보이의 샘플 이벤트

익숙한 스파인보이 샘플 프로젝트를 열어봅시다. 트리 탭에서 이벤트 항목을 보면 footstep, headAttach, headBehind, headPop이라는 이벤트가 생성되어 있는 것을 볼 수 있습니다.

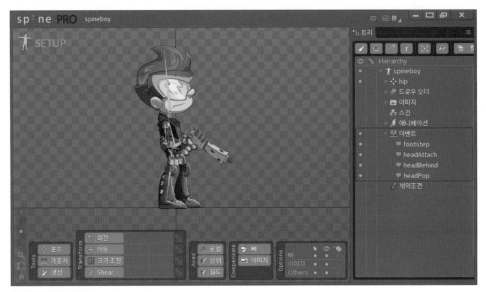

스파인보이의 이벤트

footstep 이벤트를 선택하고 이벤트의 속성 값을 한번 살펴봅시다.

footstep 이벤트의 속성

애니메이션 도중 원하는 프레임에서 정수integer, 실수float, 문자열string 값을 이벤트로 전달할 수 있습니다. 정수는 숫자를 전달하고 실수는 소수점 포함한 숫자를 전달할 수 있습니다. 문자열은 글자text를 전달할 수 있습니다.

그럼 이벤트로 정수, 실수, 문자열을 전달하는 이벤트를 추가해보겠습니다. ANIMATE 모드로 변경하고, 다시 트리 탭에서 **footstep** 이벤트를 선택합니다. 도프 시트에서 스크롤을 내리면 이벤트가 자동으로 선택되어 있을 겁니다. 그리고 '이벤트: footstep'이 0프레임과 12프레임에 적용되어 있는 것을 볼 수 있습니다.

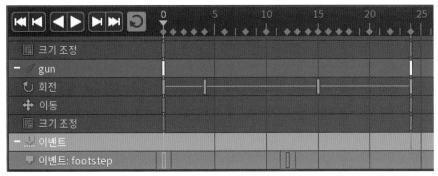

0프레임과 12프레임에 적용된 footstep 이벤트

0프레임이 선택되어 있지 않다면 0프레임을 선택해봅시다. 트리 탭에서 **footstep** 이벤트 항목을 보면 키가 적용되어 열쇠 아이콘이 붉은색으로 설정되어 있습니다. 12프레임도 마찬가지입니다. 다른 프레임을 선택하면 열쇠가 초록색으로 표시됩니다.

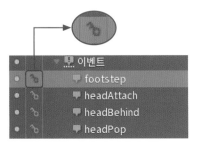

붉은색 열쇠 아이콘으로 표시된 footstep 이벤트

0프레임일 때 트리 탭 하단을 보면 이 프레임에서 footstep 이벤트로 어떤 값을 넘겨주는지 속성을 확인할 수 있습니다. 기본값으로 정수가 0, 실수가 0, 문자열이 공백으로 적용되어 있습니다.

footstep 이벤트 속성(0프레임)

그럼 이번에는 12프레임도 선택해봅시다. 12프레임에서는 정수 값 1을 전달하고 있음을 확인할 수 있습니다.

footstep 이벤트 속성(12프레임)

0프레임은 오른발이, 12프레임은 왼발이 땅에 닿는 순간입니다. 이 두 순간을 구분해서 각기 0과 1로 전달함을 알 수 있습니다.

0프레임과 12프레임

이처럼 하나의 이벤트를 생성하고 전달하는 매개변수 값을 변경하여 더욱 다채롭게 사용할 수
도 있습니다.

5.3.2 이벤트 만들어보기

그럼 이제 직접 이벤트 프레임을 추가해보고 전달하는 매개변수의 값을 변경하는 방법을 알아
보겠습니다.

트리 탭에서 **이벤트**를 선택합니다.

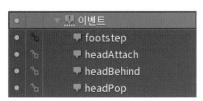

트리 탭의 이벤트

트리 탭 하단에 새 이벤트를 만들 수 있는 버튼이 표시됩니다. **[새 이벤트]** 버튼을 누르고 이벤트
이름은 적당히 **Test**라고 입력합니다.

[새 이벤트] 버튼

트리 탭을 보면 Test라는 이벤트가 생성되었음을 확인할 수 있습니다.

새롭게 생성된 Test 이벤트

하지만 도프 시트를 보면 아무 차이가 없습니다. 키 프레임이 없기 때문입니다. 그럼 이 Test라는 이벤트에 키 프레임을 추가하고 값을 전달해보겠습니다. 도프 시트의 타임라인에서 5프레임을 선택합니다.

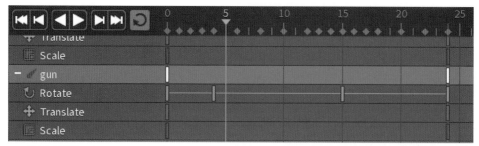

5프레임을 선택한 모습

그다음 트리 탭에서 Test 이벤트의 초록색 열쇠 부분을 클릭하여 키 프레임을 추가합니다.

열쇠를 클릭해서 키 프레임 추가

도프 시트를 보면 5프레임 부분에 Test 이벤트의 키 프레임이 추가되었습니다.

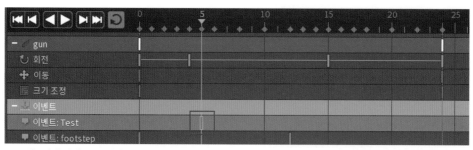

도프 시트에 추가된 Test 이벤트의 키 프레임

이벤트 발생 표시

애니메이션에 이벤트를 추가한 다음 재생 도중 작업창을 보면 이벤트가 적용된 프레임이 재생되는 순간에 적용되는 이벤트 이름이 표시되므로 확인하기 편리합니다.

이번에는 10프레임과 15프레임에도 키 프레임을 추가해봅시다.

키 프레임이 추가된 10프레임과 15프레임

이들 세 키 프레임에서 발생한 이벤트를 구분하기 위해 각 프레임에서 전달하는 매개변수 값을 서로 다르게 지정하겠습니다. 먼저 Test 이벤트의 5프레임을 선택하고 트리 탭 하단 속성에서 정수 부분에 매개변수 값을 1로 변경합니다. 슬라이더를 움직여도 되고 숫자를 직접 입력해도 됩니다.

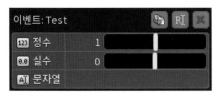

5프레임의 속성 값

전달하는 매개변수의 값을 변경하면 키 프레임 아이콘 부분이 주황색으로 변경됩니다. 주황색 열쇠 아이콘의 의미는 값이 변경되었다는 의미입니다. 아직 이 상태는 키 프레임이 적용되지 않은 상태입니다. 열쇠 부분을 다시 클릭하여 붉은색 아이콘이 되도록 변경해줍니다. 4장에서 이동 애니메이션을 만들 때와 똑같습니다. 이제 5프레임의 Test 이벤트는 정수 1을 전달하게 됩니다.

열쇠를 클릭해서 키 프레임 변경 사항 적용

여기에서는 설명을 위해 키 프레임을 먼저 추가한 후 값을 변경했지만, 키를 추가할 프레임을 먼저 선택 후 전달할 매개변수를 입력한 뒤 키 프레임으로 적용하는 것이 더 수월할 수도 있습니다.

다음으로 같은 방법으로 10프레임에서는 실수 **0.5**를, 15프레임에서는 문자열 **A**를 전달하게 바꿔보겠습니다.

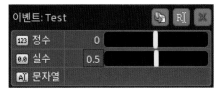

10프레임의 속성 값

15프레임의 속성 값

이런 식으로 이벤트를 적용하여 원하는 시점에 원하는 값을 전달할 수 있습니다. 개발자는 이 값을 전달받아 런타임에서 다양한 기능에 활용할 수 있습니다.

5.3.3 실무 사용 팁

필자는 실제 개발을 하면서 효과음을 개발자에게 넣어달라고 하나하나 요청하기보다 각 프로젝트마다 이벤트 이름을 sound라고 정하고 문자열 매개변수로 효과음의 파일명을 직접 전달하는 방법을 사용했습니다. 이렇게 하면 개발자는 sound 이벤트를 받아 문자열 매개변수로 받은 파일명을 그대로 불러와 효과음을 내면 되므로 협업에 도움이 될 수 있습니다.

예를 들어 5프레임에서 **a.wav**를 재생하고 10프레임에서 **b.wav**를 재생한다고 하면 다음과 같이 이벤트를 생성하고 설정합니다.

먼저 **sound**라는 이벤트를 생성합니다.

sound 이벤트 생성

이 이벤트의 5프레임 속성에는 문자열로 **a.wav**를 넣습니다.

5프레임에서 문자열 매개변수 지정

10프레임에서는 마찬가지로 **b.wav**를 입력합니다.

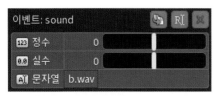

10프레임에서 문자열 매개변수 지정

이렇게 하면 5프레임에서는 **a.wav**를, 10프레임에서는 **b.wav**를 이벤트로 전달하므로, 런타임에서는 이를 받아 그대로 파일명으로 사용해 사운드를 출력하면 됩니다.

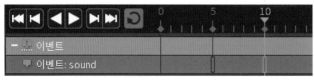

5프레임과 10프레임에 추가된 이벤트 키

5.4 마치며

- 스파인을 잘 활용하려면 어태치먼트, 스킨, 이벤트 등의 개념을 익혀야 합니다.

- 어태치먼트에는 영역(이미지), 메쉬, 경계 상자 등이 있습니다. 샘플 프로젝트를 통해 각 어태치먼트에 대해 간단히 살펴봤습니다.

- 스킨은 같은 골격에 겉모양만 다르게 꾸미고 싶을 때 등의 경우에 사용합니다.

- 이벤트는 애니메이션의 특정 프레임에서 런타임으로 정수, 실수, 문자열 등의 값을 전달하는 기능입니다.

고급 기능

이번 장에서는 약간 고급 기능이라고 할 수 있는 IK 제약조건과 내보내기에 대해 살펴봅니다. IK 제약조건은 전문가형에서만 사용할 수 있지만, 실무 현장에서 많이 쓰입니다. 다음으로 내보내기는 기본형도 지원하지만, 전문가형에서만 사용 가능한 메쉬나 IK 제약조건 같은 데이터는 내보내기가 불가능합니다.

6.1 IK 제약조건

일반적인 애니메이팅 방식은 **정운동학**forward kinematics(FK)을 따릅니다. FK란 여러 뼈(관절)가 있고 자식 뼈는 상위 뼈의 움직임에 따라 변화할 때, 여러 뼈의 움직임으로부터 가장 끝에 있는 뼈의 움직임을 구하는 방법을 말합니다. 반대로 **역운동학**inverse kinematics(IK)은 마지막 뼈의 움직임으로부터 각 관절의 움직임을 구하는 것을 말합니다. 예를 들어 울퉁불퉁한 바닥이나 호버보드에 올라탄 캐릭터들의 경우 발의 위치에서 시작해 무릎 허리의 위치를 구하는 방식입니다. 각각 정기구학과 역기구학이라고 부르기도 합니다.

너무 어렵다고요? 예를 들어 우리가 손바닥을 위로 향해 두 팔을 올렸다가 팔을 그대로 다시 아래로 내리는 것 같은 일반적인 동작이 FK의 예라고 볼 수 있습니다. 팔의 위쪽이 회전하면 팔 아래쪽도 회전하고 이를 통해 그 아래 있는 손의 위치가 결정됩니다.

많은 움직임을 FK 방식으로 만들 수 있지만, 그렇지 않은 경우도 있습니다. 앉아서 손바닥을 위로 향한 상태에서 손바닥의 높이는 그대로 유지하며 몸을 일으킨다고 합시다. 이렇게 하려면 팔 뼈를 끊임없이 조정해야 하고, 키 프레임이 많이 필요하게 됩니다.

이럴 때 IK 방식을 사용합니다. 스파인 공식 사이트에서 예제로 든 닭의 움직임을 보면 이해하기 쉽습니다. 닭의 몸을 잡고 몸을 움직여도 닭의 머리는 고정된 채 움직이지 않습니다. 이 그림은 움직이는 화면으로 보는 것을 강력히 권합니다.

URL http://bit.ly/2dcioTw

IK 방식을 보여주는 닭 그림

이러한 방식의 애니메이션은 FK 방식으로는 만들기 어렵습니다. FK 방식을 따른다면 몸에는 목뼈가 있고 목뼈 위에 머리 뼈가 있으므로, 몸을 움직이면 자연스럽게 목뼈도 함께 움직이고 머리도 함께 움직여야 합니다. 하지만 이상하게도(?) 닭과 같은 조류는 몸을 움직여도 머리가 움직이지 않습니다. FK 방식으로 이처럼 머리만 안 움직이게 하려면 많은 키 프레임을 사용해야 할 것입니다. 따라서 이럴 때에는 IK 방식을 사용하며, 스파인에서도 IK 제약조건IK constraint을 통해 IK 애니메이션을 쉽게 만들게 해줍니다.

IK 제약조건을 간단히 살펴보기 위해, 스파인보이와 같은 폴더에 있는 spineboy-mesh(스파인보이-메쉬) 샘플 프로젝트를 열어봅시다. 호버보드를 타고 있는 스파인보이가 보일 것입니다. 작업창 부분을 보면 호버보드와 연결된 부분에 제약조건이 적용되어 있습니다. 호버보드와 맞닿아 있는 발의 경우 FK 방식이라면 무릎이나 허벅지가 움직인다면 하위 뼈인 발목이나 발도 기본적으로 따라 움직이게 됩니다. 하지만 불규칙하게 움직이는 호버보드 위에 캐릭터가 올라가 있으므로 발은 호버보드의 움직임에 따라 움직여야 합니다. 이러한 애니메이션은 일반적인 FK 방식으로는 적용하기 어렵지만 IK 제약조건을 적용하면 좀 더 쉽게 이러한 애니메이션을 동작하게 할 수 있습니다.

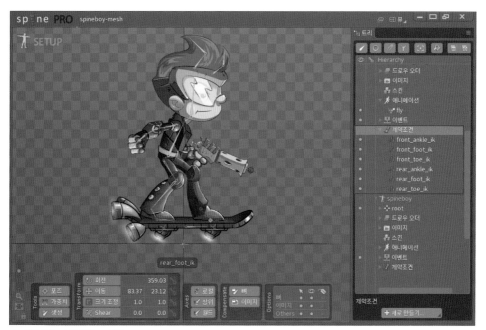

스파인보이-메쉬 샘플 프로젝트

IK 제약조건을 추가하려면 **상위**, **하위**, **타겟** 뼈가 필요합니다. 하위 뼈는 필수는 아니며, 타겟 뼈는 상위 뼈에 속해 있으면 안 됩니다. 트리 탭을 보면 **front_foot_ik** 등이 주황색 동그라미 (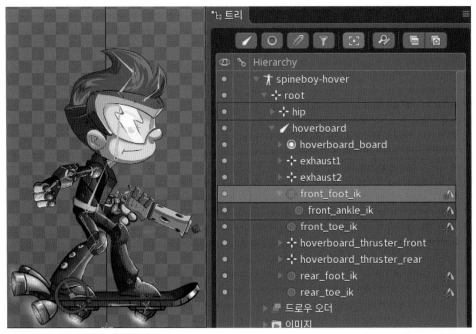) 아이콘으로 표시되어 있을 텐데, 이것이 타겟 뼈를 의미합니다. IK 제약조건의 움직임을 추적하기 위한 목표 뼈라고 이해하면 됩니다.

위에서부터 상위 뼈, 타겟 뼈, 하위 뼈

IK 제약조건이 있는 front_foot_ik 뼈의 오른쪽에는 제약조건 아이콘(⬛)이 있습니다. 이를 클릭하면 제약조건 항목 아래에 해당하는 제약조건이 선택됩니다. 이 예제의 경우 뼈와 IK 제약조건이 이름이 같습니다. 제약조건을 선택하면 트리 탭 하단에서 상위, 하위, 타겟 뼈를 확인할 수 있고, 구부리기나 믹스 같은 고급 기능을 적용할 수도 있습니다.

제약조건 선택 및 속성

IK 제약조건의 속성 중 **구부리기**는 상위 뼈와 하위 뼈가 굽는 방향을 뜻합니다. 하위 뼈가 없을 경우 지정할 수 없습니다. **믹스**는 IK와 FK를 어느 정도의 비율로 섞어서 적용할지 결정합니다. 기본값인 100은 IK만 사용한다는 뜻이며, 반대로 믹스가 0이면 FK만 사용한다는 뜻입니다. 스파인 공식 사이트에 있는 다음 그림을 보면 두 기능을 직관적으로 이해할 수 있을 것입니다.

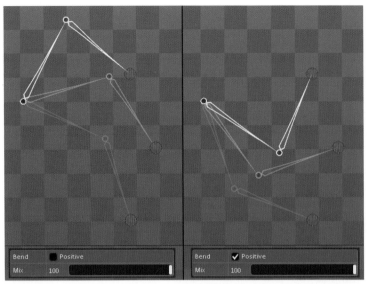

구부리기 예

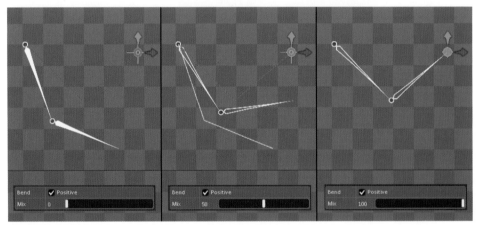

믹스 예

뼈에 제약조건을 추가하려면, 상위 뼈가 될 뼈를 선택한 상태에서 트리 탭 하단에서 [새로 만들기...] 버튼을 클릭하고 IK 제약조건을 클릭한 다음 타겟 뼈를 고르면 됩니다. 고르지 않고 작업창의 빈 공간을 클릭하면 새 뼈가 만들어지고 그 뼈가 타겟 뼈가 됩니다.

6.2 내보내기

내보내기export 기능은 작업한 프로젝트를 여러 형식으로 내보낼 수 있는 기능입니다. 사용 목적에 따라 다양하게 내보낼 수 있으니 각 형식에 따라 차이점을 알아두면 작업한 프로젝트를 좀더 다양하게 공유할 수 있습니다. 평가판에서는 메뉴에 접근할 수는 있지만 실제로 저장할 수는 없습니다.

메뉴에서 **내보내기...**를 선택합니다. 단축키는 Ctrl + E 입니다.

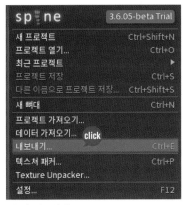

메뉴 〉 내보내기...

내보낼 수 있는 형식은 데이터, 이미지, 동영상 크게 세 가지입니다. 데이터는 JSON과 바이너리가 있고, 이미지 형식(GIF, JPEG, PNG)이나 동영상 형식(AVI, QuickTime)을 고를 수도 있습니다. 먼저 이미지로 추출하는 방법에 대해 형식별로 살펴보겠습니다.

내보내기 예시

6.2.1 GIF

이미지 형식인 GIF로 추출하는 법부터 알아보겠습니다. 이는 작업한 애니메이션을 다른 사람과 공유하는 매우 간단한 방법입니다. 적은 용량으로 쉽게 다른 사람과 공유할 수 있다는 장점이 있습니다.

반면 GIF는 256색만으로 이루어진 이미지 포맷이고 반투명을 지원하지 않기 때문에 해상도가 낮으므로 저화질로 저장될 수 있습니다.

예제로 앞 절에서 열어놓았던 스파인-메쉬 프로젝트를 추출해보겠습니다. 내보내기 창 왼쪽에서 **GIF**를 선택합니다.

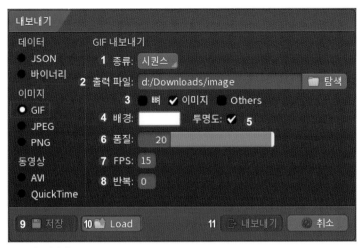

GIF 뼈, 이미지, Others

❶ **종류**: 시퀀스 또는 프레임 형식 중 하나를 선택할 수 있습니다. 시퀀스는 현재 애니메이션을 움직이는 GIF로 내보내고, 프레임은 현재 뼈대 포즈를 정지 GIF로 내보냅니다.

❷ **출력 파일**: 출력 파일명과 폴더를 지정합니다.

❸ **이미지 및 뼈**: 말 그대로 뼈, 이미지, 기타 요소 중 어떤 것을 출력할지 여부를 정합니다. 뼈나 이미지 중 최소한 한 개는 반드시 선택해야 합니다.

❹ **배경**: 배경색을 선택할 수 있습니다.

❺ **투명도**: 체크하면 투명한 픽셀이 배경 없이 투명하게 저장됩니다. GIF는 반투명(알파 채널)을 지원하지 않기 때문에 부분적으로 투명한 픽셀은 배경색으로 저장됩니다.

❻ **품질**: 저장할 파일의 품질을 조절할 수 있습니다.

❼ **FPS**: 시퀀스 종류일 때만 지정할 수 있습니다. FPS는 초당 프레임 수입니다.

❽ **반복**: 반복 횟수로서 무한히 반복하려면 0을 입력하면 됩니다.

❾ **저장**: 현재 내보내기 설정 값을 저장합니다. 기본형 이상에서 활성화됩니다.

❿ **Load**: 내보내기 설정 값을 불러옵니다. 이 책을 쓰는 시점에서 아직 한국어로 번역되지 않았습니다.

⓫ **내보내기**: 실제 내보내기 작업을 수행합니다. 기본형 이상에서 활성화됩니다.

6.2.2 PNG 및 JPEG

다음은 각 프레임을 PNG 파일로 추출하는 방법을 알아보겠습니다. JPEG 추출도 PNG와 동일하지만 추가로 품질을 조절할 수도 있습니다.

내보내기 창 왼쪽에서 **PNG**를 선택합니다.

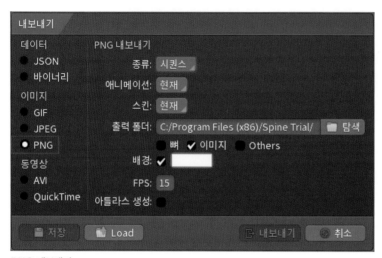

PNG 내보내기

종류에서 시퀀스와 프레임의 차이는 GIF와 동일합니다. 출력 폴더, 이미지, 뼈 등의 설정도 GIF 내보내기와 동일합니다. **애니메이션** 및 **스킨**에서 특정 애니메이션이나 스킨에 해당하는 프레임을 선택할 수 있습니다. 여기에서는 편집기에서 fly 애니메이션을 골랐다고 가정하겠습니다. 애니메이션의 각 프레임을 모두 출력하도록 **시퀀스**를 선택합니다.

아틀라스 생성에 체크하면 내보낸 이미지가 텍스처 아틀라스에 포함됩니다. 편리한 기능이지만 텍스처 패커에 대해 잘 알고 있어야 합니다. 텍스처 패커를 별도로 실행하면 패킹을 더 많이 제어할 수 있습니다. 텍스처 패커에 대해서는 잠시 뒤에 살펴보겠습니다.

이렇게 시퀀스로 내보내면 지정한 폴더에 각 프레임별로 PNG 파일들이 저장된 것을 확인할 수 있습니다. 파일명에 현재 선택된 최상위 몸통 뼈대 spineboy-hover와 현재 선택된 애니메이션 fly가 포함되어 있습니다.

각 프레임별로 저장된 PNG 파일들

6.2.3 AVI

다음은 AVI 형식으로 추출하는 방법을 알아보겠습니다. 내보내기 창 왼쪽에서 **AVI**를 선택합니다.

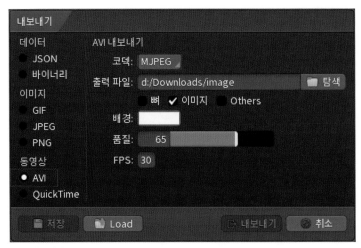

AVI 내보내기

코덱 선택 외에는 이미지 내보내기와 동일합니다. 코덱 선택 외에는 이미지 내보내기와 동일합니다. 코덱 종류는 기본적으로 선택되어 있는 MJPEG를 이용하면 됩니다. AVI 내보내기의 경우 실제 런타임에서 사용하는 것이 아니라 결과물을 쉽게 확인하고 공유하는 등 협업을 위해 사용하는 것이 보통입니다. AVI 동영상 파일은 용량이 크고 화질이 저하될 수도 있기 때문입니다.

6.2.4 JSON

이번에는 코드에서 사용할 수 있는 방식인 JSON으로 내보내는 방법을 알아보겠습니다. JSON으로 내보내면 결과물에 각종 데이터가 포함되므로 프로그래머가 쉽게 사용할 수 있습니다. 바이너리에 비해 데이터 파싱(불러오는 처리 속도 정도로 생각하면 됩니다)은 느리지만 사람이 눈으로 값을 확인할 수 있는 형식으로 출력된다는 점이 장점입니다.

내보내기 창 왼쪽에서 **JSON**을 선택해봅시다.

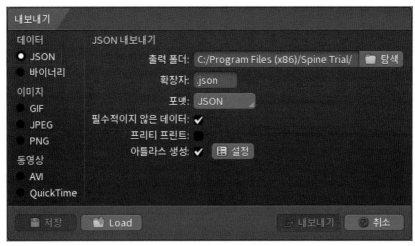

JSON 내보내기

확장자와 포맷은 기본값 그대로 .json 및 JSON으로 두는 것이 좋습니다.

필수적이지 않은 데이터에 체크하면 필수적으로 필요하지 않은 추가 데이터까지 포함됩니다. 이렇게 만든 JSON 파일은 용량이 커지지만 나중에 스파인에서 '가져오기' 메뉴를 통해 다시 불러오는 게 가능하므로 체크하는 것이 좋습니다.

프리티 프린트에 체크하면 JSON 파일이 사람 눈으로 보기 좋게 정리되어 출력됩니다. 텍스트 편집기로 JSON 파일을 열어 눈으로 직접 확인해야 할 경우가 있다면 체크를 하고 아니면 체크하지 않습니다.

아틀라스 생성은 프로젝트에서 사용한 이미지를 따로 패킹하여 **아틀라스 데이터**(확장자 .atlas)를 생성할지의 여부를 선택합니다. JSON으로 내보내는 과정에서 매우 중요한 옵션이 많이 들어 있습니다. 체크하면 체크박스 옆에 [설정] 버튼이 나타나는데 이를 클릭하여 살펴보겠습니다.

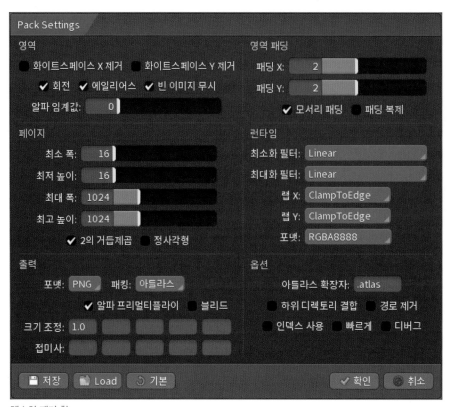

텍스처 패커 창

아틀라스 생성 옆 [설정] 버튼을 누르면 다소 복잡한 설정 창이 나타납니다. 기본 설정에서 특별히 바꿀 것은 없지만 주의해야 할 몇 가지 옵션을 짚고 넘어가겠습니다.

영역 항목에서 **빈 이미지 무시**에 체크되어 있으면 투명한 픽셀만 있는 이미지는 추가되지 않습니다.

페이지 항목에서는 이미지의 최대 크기와 최소 크기를 지정할 수 있습니다. **2의 거듭제곱**에 체크하면 생성될 이미지의 가로(폭)와 세로(높이)가 2의 배수로 설정됩니다. 런타임에서 이미지를 불러올 때 2의 배수로 불러오기 때문에 16, 32, 64, 128, 256, 512, 1024, 2048, ... 등으로 이미지의 크기를 딱 맞추는 것이 메모리 관리에 좋습니다. 엔진에 따라 2의 배수가 아니면 불러올 수 없는 경우도 있습니다.

정사각형에 체크하면 이미지를 정사각형으로 생성합니다. 몇몇 텍스처 압축 알고리즘을 이용하려면 이미지가 반드시 정사각형이어야 하므로 이럴 때 이용합니다.

아틀라스를 생성하여 내보낸 경우 .atlas, .json, .png 세 개씩 파일이 저장됩니다. .atlas에는 이미지 패킹에 관한 데이터가 들어가고 .png에는 이미지가 들어갑니다. .json에는 뼈대와 애니메이션 정보가 JSON 형식으로 저장되어 있습니다.

다음은 아틀라스를 생성해서 내보낸 JSON 결과물 폴더의 예시입니다. 여기에서는 뼈대가 두 개이므로 파일도 세 개씩 총 여섯 개가 생성되었습니다.

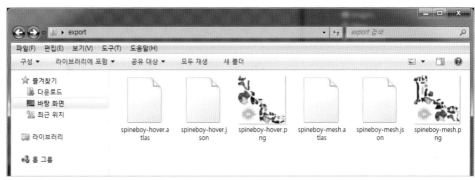

아틀라스를 생성해 내보낸 JSON 결과물 폴더

JSON으로 내보내기를 할 때 주의할 점이 하나 있다면, JSON 파일명이 최상위 몸통 뼈대의 이름으로 설정된다는 점입니다. 그림에서는 spineboy-mesh.json과 spineboy-hover.json 파일입니다. 이들 파일을 런타임에서 불러올 수 있습니다.

6.2.5 바이너리

바이너리 방식은 JSON 방식에 비해 파일 용량이 작고 빠르게 불러올 수 있지만 사람의 눈으로 데이터를 확인할 수 없다는 단점이 있습니다.

JSON 방식과 마찬가지로 **필수적이지 않은 데이터**와 **아틀라스 생성** 체크박스가 있습니다. 확장자는 기본값 그대로 .skel을 쓰면 됩니다.

아틀라스 설정도 JSON과 같은 방식으로 합니다.

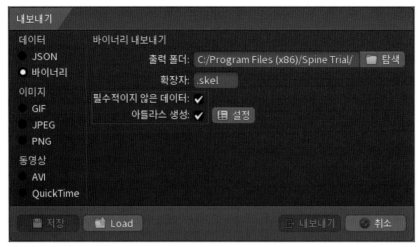

바이너리 내보내기

내보내기를 실행하면 .atlas, .png, .skel 세 개의 파일이 저장됩니다. .atlas에는 이미지 패킹에 관한 데이터가 들어가고 .png에는 이미지가 들어갑니다. .skel에는 뼈대와 애니메이션 정보가 바이너리로 저장됩니다.

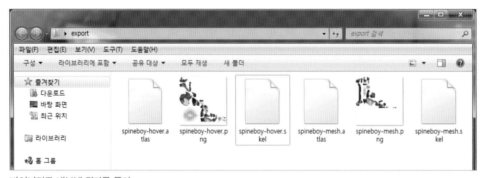

바이너리로 내보낸 결과물 폴더

6.3 마치며

- 일반적인 애니메이팅 방식인 FK와 달리 IK 방식에서는 마지막 뼈의 움직임에 따라 상위 각 뼈의 움직임이 결정됩니다. 스파인에서는 IK 제약조건을 지원하며, IK 제약조건이 적용된 샘플 프로젝트를 간단히 살펴봤습니다.

- 내보내기는 스파인으로 만든 애니메이션을 게임에 적용하기 위한 핵심 기능입니다. 데이터, 이미지, 동영상 등 여러 형식으로 내보낼 수 있습니다.

CHAPTER 7

샘플 프로젝트 분석

샘플 프로젝트를 분석해보면 스파인의 기능을 확인하고 어떻게 응용할 수 있는지 잘 알 수 있습니다. 스파인에 포함된 샘플 프로젝트들은 모두 완성도 높은 프로젝트입니다. 이들 프로젝트를 살펴보며 각 프로젝트에 사용된 스파인 기능을 살펴보겠습니다.

스파인 설치 폴더의 **examples** 폴더를 보면 10개의 샘플 프로젝트들이 있습니다. 각 폴더마다 **.spine** 파일이 있을 텐데, 이것이 프로젝트 파일이므로 더블 클릭하면 프로젝트를 쉽게 열 수 있습니다. 알파벳 순서대로 하나씩 살펴보겠습니다.

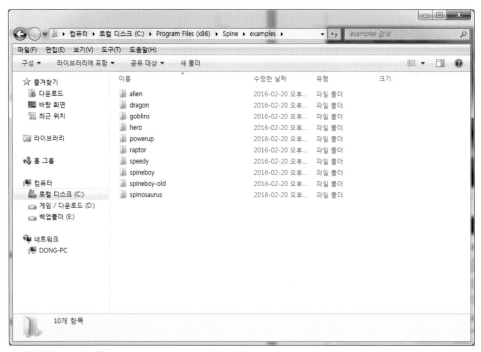

스파인 샘플 프로젝트 폴더

7.1 alien

alien(에일리언) 프로젝트는 기본적인 인간형(?) 캐릭터의 애니메이션을 잘 만들어둔 샘플 프로젝트입니다. 스파인의 기본 기능만을 사용하여 인간형 캐릭터를 만든 예로 볼 수 있습니다. 따라서 기본적인 뼈와 스킨의 사용법을 익히는 데 적합합니다. 스파인 설치 폴더 아래 **examples** 폴더에 있는 **alien** 폴더로 이동합니다. **alien.spine** 파일이 프로젝트 파일입니다. 이 파일 외에도 이미지가 들어 있는 **images** 폴더와 내보내기 결과물이 들어 있는 **export** 폴더가 있으니 참고 삼아 살펴보기 바랍니다.

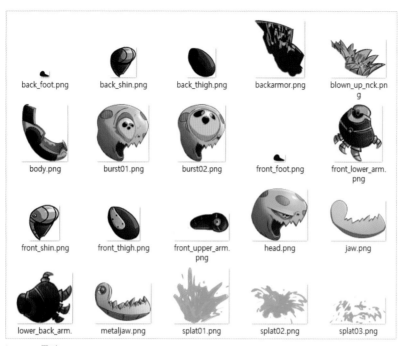

images 폴더

export 폴더

이들 폴더는 모든 샘플 프로젝트에 공통으로 포함되어 있습니다. 이제 프로젝트 파일인 alien.
spine을 열어봅니다.

에일리언 프로젝트

뼈와 슬롯 그리고 영역 어태치먼트만을 사용하여 프로젝트가 구성되어 있습니다. 어떻게 뼈가 구성되어 있는지 체크하면 인간 형태의 스켈레톤을 구성할 때 도움이 될 것입니다.

한편, 애니메이션은 death, hit, jump, run 4개의 애니메이션이 예제로 생성되어 있습니다. **death** 부분을 보면 앞에서 살펴본 이벤트 기능도 사용하고 있습니다.

애니메이션과 이벤트

death 애니메이션을 보면 에일리언이 머리가 터지면서 죽는데(25프레임) 이 시점에 효과음을 출력하기 위해 이벤트를 삽입한 것으로 보입니다.

7.2 dragon

드래곤 프로젝트는 동물형 캐릭터 샘플입니다. 인간 형태와는 다른 동물 형태의 캐릭터를 어떻게 만드는지, 특히 꼬리나 날개 애니메이션을 어떻게 구현할 수 있는지 익히는 데 유용합니다.

4장에서 살펴봤듯이 드래곤 프로젝트는 포즈 툴을 사용하여 꼬리 부분의 각 뼈를 자연스럽게 움직이게 만들었습니다. 날개 부분은 영역 어태치먼트를 변경하여 날개를 펄럭이는 애니메이션을 만들었습니다.

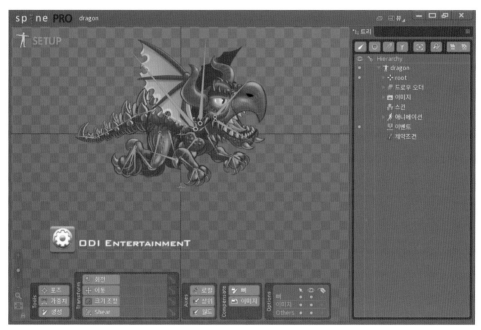

드래곤 프로젝트

트리 탭에서 오른쪽 날개인 R_wing 뼈를 보면 9개의 어태치먼트가 들어 있습니다.

R_wing 슬롯

ANIMATE 모드로 변경하여 R_wing 뼈를 보면 어태치먼트를 변경하는 애니메이션이 추가되어 있습니다. 이미지 어태치먼트 변경과 포즈 툴을 잘 사용한 예제로 참고할 만합니다.

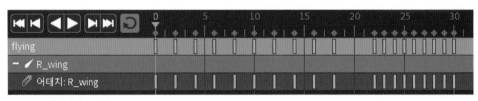

R_wing 어태치먼트 변경

7.3 goblins

고블린들 샘플 프로젝트는 스킨을 활용한 샘플 프로젝트입니다. 같은 형태를 갖고 있는 캐릭터에 대해 스킨 기능을 활용하여 애니메이션을 재활용할 수 있습니다. 5장에서 스킨을 설명할 때 이 고블린들 프로젝트를 예로 들어 살펴본 적이 있습니다.

examples/goblins 폴더를 보면 goblins.spine과 goblins-mesh.spine이라는 파일 두 개가 있습니다.

두 개의 고블린 프로젝트 파일

이 중 mesh가 붙은 프로젝트는 메쉬를 이용하여 좀 더 자연스럽게 만든 고블린들 프로젝트입니다. 여기에서는 스킨 사용법에 집중하여 메쉬가 들어가지 않은 goblins.spine을 열어 살펴보겠습니다.

트리 탭에서 스킨 항목을 보면 goblin과 goblingirl 두 개가 추가되어 있습니다. 왼쪽에 있는 동그란 뷰 아이콘을 이용해 원하는 스킨을 선택할 수 있습니다. 스킨을 변경하면 슬롯 안에서 이미지가 자동으로 변경되는 것을 볼 수 있을 겁니다.

goblin과 goblingirl 스킨

런타임에서는 goblin과 goblingirl 두 가지 스킨명을 지정해서 원하는 스킨으로 애니메이션을 실행할 수 있습니다.

7.4 hero

hero(히어로) 프로젝트는 메쉬를 사용한 캐릭터와 사용하지 않은 캐릭터의 비교가 가능한 프로젝트입니다. 메쉬를 사용하면 좀 더 생동적인 캐릭터를 만들 수 있다는 것을 확인할 수 있습니다.

examples/hero 폴더를 보면 hero.spine과 hero-mesh.spine 두 개의 파일이 있습니다.

두 개의 히어로 프로젝트 파일

메쉬를 사용하여 좀 더 자연스럽게 애니메이션을 만든 부분을 중심으로 살펴볼 것이므로 두 프로젝트를 비교하며 확인해보겠습니다. 먼저 hero-mesh.spine 프로젝트를 엽니다.

히어로-메쉬 프로젝트

head 부분을 보면 머리 부분과 얼굴 부분을 메쉬로 구성해놓았습니다. 이렇게 메쉬를 이용하면 좀 더 입체감 나는 움직임을 줄 수 있습니다.

애니메이션 중 Headturn을 재생해보면 고개를 좌우로 돌립니다. 이미지는 단 한 장인데도 메쉬를 이용하여 얼굴을 움직일 때 입체적인 느낌을 잘 전달하는 것을 확인할 수 있습니다.

Idle 애니메이션

메쉬가 들어 있지 않은 hero.spine 프로젝트를 열고 애니메이션을 실행해보면 메쉬가 있고 없고의 차이점을 비교해볼 수 있습니다. 매쉬를 사용하면 애니메이션을 더 생동감 있게 만들 수 있고, 고개를 돌리는 것 같은 입체적인 애니메이션도 만들 수 있습니다.

7.5 powerup

스파인은 캐릭터 외에도 다양한 이펙트(효과)를 생성하는 데 이용하기도 좋습니다. powerup (파워업) 예제는 캐릭터가 아닌 효과도 만들 수 있다는 것을 보여주기 위한 예제입니다.

powerup.spine을 열어봅시다.

파워업 프로젝트

ANIMATE 모드를 보면 투명한 별 이미지들이 나타났다 사라지는 효과를 사용하였습니다.

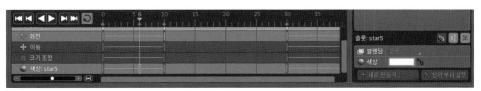

타임라인

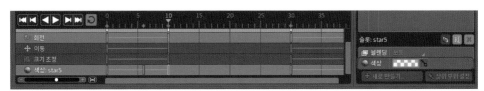

stat5 색상

예를 들어 star5 슬롯의 색상을 보면 0프레임에서는 투명한 상태였다가 6프레임에서는 투명도
가 없어지고 10프레임에는 다시 투명한 상태로 바뀝니다. 이런 식으로 투명도를 변경하는 애
니메이션도 사용할 수 있습니다.

7.6 raptor

raptor(랩터) 프로젝트는 제약조건과 메쉬를 이용하여 탈것(랩터)을 타고 있는 캐릭터를 구
현해놓았습니다.

raptor.spine을 열어보겠습니다.

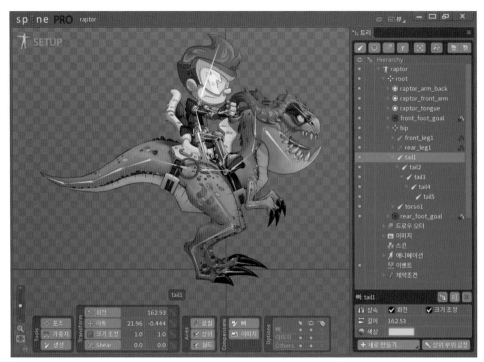

랩터 프로젝트

랩터 예제에서는 많은 응용 사례를 찾을 수 있습니다. 캐릭터(스파인보이)보다는 탈것인 랩터 부분에서 배울 게 많이 있습니다.

랩터는 이미지가 메쉬를 이용하여 구성되어 있고, 물론 뼈가 들어 있어 이를 제어합니다. 다리와 발 부분엔 IK도 추가되어 있습니다.

랩터의 몸통(raptor_body)과 다리(raptor_front_leg 및 raptor_hindleg_back), 턱(raptor_jaw), 손(raptor_front_arm) 등은 메쉬로 이루어져 있습니다.

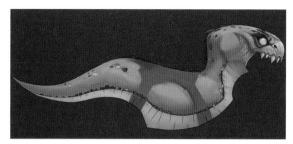

랩터 몸통

랩터 다리 뒤편

랩터 턱

랩터 손

이렇게 각 부분이 메쉬로 되어 이미지 한 장만으로도 움직임을 넣을 수 있습니다.

메쉬로 이루어진 랩터

이미지를 변형하여 움직임을 구현하거나 제약조건을 이용해야 할 경우 랩터 샘플 프로젝트를
참고하면 큰 도움이 될 것입니다.

7.7 speedy

speedy(스피디) 샘플을 보면 간단하면서도 만화 같은 움직임을 갖는 캐릭터를 만드는 데 도
움이 됩니다. speedy.spine을 엽니다.

스피디 프로젝트

스피디 예제는 드래곤 예제와 마찬가지로 이미지를 변경하는 방식으로 캐릭터를 만들었습니
다. 메쉬를 사용하지는 않았지만 크기 조정과 회전 애니메이션만으로 메쉬를 사용한 것과 비슷
한 효과를 만들어냅니다.

이미지 변경과 간단한 애니메이션만으로 캐릭터를 생성하였으니 비슷한 방식으로 프로젝트를 생성하는 데 참고할 수 있을 것입니다.

7.8 spineboy

스파인보이 프로젝트는 인간형 캐릭터에 대한 기능들이 들어 있습니다. 스파인보이 프로젝트는 인간형 캐릭터의 기본을 담고 있고, 스파인보이-메쉬 프로젝트는 제약조건과 메쉬 기능까지 포함합니다.

examples/spineboy 폴더를 보면 spineboy.spine와 spineboy-mesh.spine가 있습니다.

두 개의 스파인보이 프로젝트 파일

스파인보이-메쉬 프로젝트에 기본 스파인보이도 포함되어 있으므로 spineboy-mesh.spine을 열어서 살펴보겠습니다. 오른쪽의 트리 탭을 보면 몸통 뼈대가 spineboy-hover와 spineboy-mesh 두 개가 있는데, spineboy-hover 뼈대만 살펴볼 것입니다.

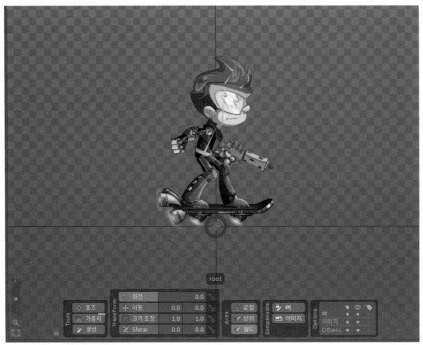

스파인보이-메쉬 프로젝트

이 예제에서는 제약조건을 사용하여 호버보드 위에 스파인보이가 올라가 있습니다. 호버보드에 다리가 붙어 있도록 제약조건이 설정되어 있어 상체를 움직여도 자연스러운 애니메이션을 줄 수 있습니다.

제약조건을 눈으로 보면서 확인해보겠습니다. **hip**을 선택하고 **Transform**에서 **이동**을 클릭한 다음 마우스를 클릭하고 오른쪽으로 이동해보면 스파인보이는 다리가 호버보드에 붙은 채로 상체가 기울어지며 앞으로 쏠리는 것을 확인할 수 있습니다.

앞으로 이동시킨 스파인보이

반대로 뒤로 이동시켜보면 어떨까요? 다리는 호버보드에 붙은 채로 스파인보이의 몸이 자연스럽게 뒤로 향하는 것을 확인할 수 있습니다.

뒤로 이동시킨 스파인보이

이런 식으로 어느 한 곳을 고정시켜서 사용할 때 제약조건을 이용할 수 있습니다.

7.9 spineboy-old

spineboy-old(스파인보이-올드)는 스파인 초기 버전에 들어 있던 예제로 기본적인 뼈와 이미지를 사용하며, 점프, 걷기, 뛰기 등의 애니메이션이 구현되어 있습니다. 머리 부분에는 경계 상자가 포함되어 있고(bb-head), 애니메이션 도중에 드로우 오더를 변경하는 방법도 들어 있습니다.

여기에서는 애니메이션 도중 드로우 오더를 변경하는 방법을 살펴보겠습니다. spineboy-old.spine을 실행합니다.

몸 앞에 있는 머리

ANIMATE 모드에서 headPop 애니메이션을 선택합니다. 여기서 121프레임을 보면 머리가 몸 앞에 표시됩니다.

그런데 175프레임을 보면 머리가 몸 뒤로 들어가 옷에 가려지는 것을 알 수 있습니다.

몸 뒤에 있는 머리

타임라인을 보면 37프레임, 107프레임, 156프레임, 214프레임에 드로우 오더를 변경하는 키가 삽입되어 있는 것을 알 수 있습니다. 이처럼 애니메이션 도중에 드로우 오더를 변경할 수 있습니다.

7.10 spinosaurus

spinosaurus(스피노사우루스) 예제는 캐릭터나 효과뿐만 아니라 UI도 스파인으로 만들 수 있다는 것을 보여줍니다. spinosaurus.spine 프로젝트를 열어봅시다.

스피노사우르스 프로젝트

게임 메인 메뉴 화면을 스파인으로 구성하고 애니메이션을 넣은 예제입니다. 특별한 기법은 사용되지 않았으며 그래프의 곡선 부분만 참고하면 됩니다.

베지어 곡선

play 슬롯의 20프레임을 보면 이동 애니메이션에 곡선이 추가되어 있습니다. 애니메이션 중간에 100%를 넘어갔다가 마지막에는 100%로 돌아오는 베지어 곡선입니다. 따라서 애니메이션을 재생해보면 위로 이동하되 마지막 위치보다 살짝 더 위로 올라갔다가 내려오는 것을 확인할수 있습니다.

7.11 마치며

- 이번 장에서는 스파인 설치 시 포함되어 있는 샘플 프로젝트를 모두 살펴봤습니다. 각종 기능이 적용된 실제 샘플을 분석함으로써, 앞에서 배운 내용을 어떻게 응용할지 감을 잡을 수 있었을 것입니다.

CHAPTER 8

슬라임 만들기

지금까지 스파인 편집기의 사용법에 대해 알아보았습니다. 이제 앞에서 익힌 기능들을 사용하여 귀여운 슬라임의 애니메이션을 만들어보겠습니다. 사용할 기능은 애니메이션, 어태치먼트 변경, 메쉬, 스킨 등입니다.

슬라임의 움직임을 만들기 위해 대기(wait)와 점프(jump) 애니메이션을 만들고 스킨을 이용하여 그린 슬라임, 오렌지 슬라임, 블루 슬라임으로 변화를 주도록 하겠습니다. 그리고 점프 애니메이션을 구현하면서 눈의 어태치먼트를 변경하여 눈을 감는 모양으로 변경하는 과정을 실습해보겠습니다.

슬라임이 통통 튀는 애니메이션

8.1 프로젝트 생성

항상 가장 먼저 해야 할 일은 프로젝트를 생성하는 일입니다. 처음 프로젝트를 생성하기 위해서는 프로젝트를 생성할 위치에 폴더를 미리 만들어놓는 것이 좋습니다.

8.1.1 폴더 생성 및 이미지 리소스 준비

우선 프로젝트를 생성할 곳에 **slime**이라는 폴더를 생성해줍니다. 필자는 바탕화면에 만들어주었습니다.

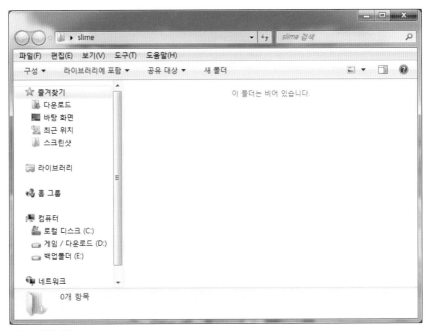

slime 폴더 생성

프로젝트에 추가되는 리소스는 상대 경로를 갖기 때문에 나중에 이 폴더를 원하는 곳으로 옮겨도 정상적으로 동작합니다.

다음으로 이미지 리소스를 `slime` 폴더 아래 `images` 폴더에 복사하겠습니다. 이 이미지 리소스는 한빛미디어 웹사이트에서 다운로드할 수 있습니다.

URL http://www.hanbit.co.kr/src/2462

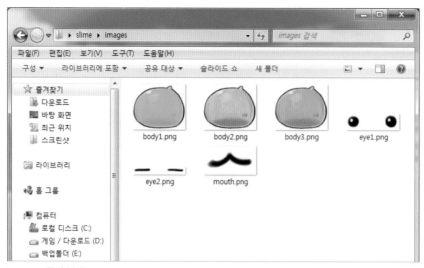

images 폴더 복사

이미지 리소스는 슬라임의 몸통 3장(body1.png, body2.png, body3.png), 눈 2장(eye1.png, eye2.png) 그리고 입 1장(mouth.png)으로 구성되어 있습니다.

8.1.2 프로젝트 생성 및 이미지 파일 추가

스파인 편집기를 실행하여 메뉴에서 새 프로젝트를 선택합니다. 이번 장의 그림은 3.3 전문가형에서 작업한 스크린샷으로서 최신 버전과 아이콘 모양 등이 다를 수 있으나 작동 방식은 동일합니다.

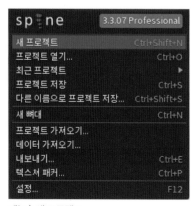

메뉴 > 새 프로젝트

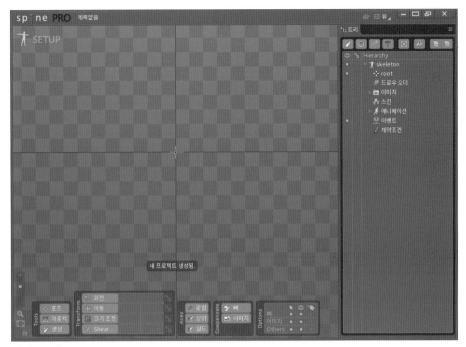

빈 새 프로젝트

새 프로젝트를 선택합니다. 이제 이 프로젝트의 저장 위치를 지정해야 합니다. 메뉴에서 **프로젝트 저장**을 선택합니다. 단축키는 Ctrl + S입니다. 평가판에서는 저장 기능을 이용할 수 없으므로 작업한 내용을 저장할 수는 없습니다.

sp ne	3.3.07 Professional
새 프로젝트	Ctrl+Shift+N
프로젝트 열기...	Ctrl+O
최근 프로젝트	▶
프로젝트 저장	Ctrl+S
다른 이름으로 프로젝트 저장...	Ctrl+Shift+S
새 뼈대	Ctrl+N
프로젝트 가져오기...	
데이터 가져오기...	
내보내기...	Ctrl+E
텍스쳐 패커...	Ctrl+P
설정...	F12

메뉴 〉 프로젝트 저장

파일 선택 창에서 앞서 생성했던 slime 폴더로 이동한 뒤 이름을 slime이라고 지정하고 [저장]
버튼을 누릅니다.

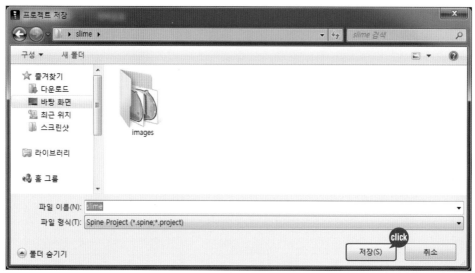

프로젝트 저장 파일 선택 창

이제 slime 폴더로 가보면 slime.spine이라는 스파인 프로젝트 파일이 생성되어 있을 것입니다.

slime.spine 프로젝트 파일

다음으로 이미지 리소스 경로를 지정해야 합니다.

저장 위치를 지정하면 해당 위치에 있는 이미지 리소스가 자동으로 지정됩니다. 저장을 하지 않았거나 자동으로 이미지가 추가되지 않았다면 수동으로 지정할 수도 있습니다.

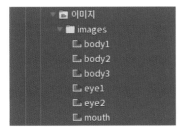

트리 탭의 images 폴더

이미지 경로를 수동으로 지정하려면 트리 탭에서 **이미지**를 선택하고 하단의 **경로** 부분에서 [탐색] 버튼을 클릭하여 images 폴더를 찾아 변경해줍니다.

수동으로 설정된 이미지 경로

프로젝트를 저장했고 이미지 경로가 제대로 설정되었다면 경로가 ./images/라고 표시될 것입니다. 여기에서 ./는 현재 프로젝트의 경로를 나타냅니다. 따라서 slime 폴더의 경로가 변경되어도 slime.spine 프로젝트 파일의 경로에 따라 이미지 파일들의 경로는 상대적으로 지정됩니다.

다른 사람에게 프로젝트를 복사해주기 위해서는 slime 폴더를 통째로 전달해야 이미지가 정상적으로 표시됩니다.

8.2 슬라임 구현하기

프로젝트를 생성했으니 슬라임의 기본이 되는 뼈와 이미지(영역 어태치먼트)를 추가하고 메쉬와 스킨을 추가해보도록 하겠습니다.

8.2.1 뼈 생성 및 이미지 추가

가장 먼저 Tools에서 **생성**을 선택하여 root의 아래에 새로운 뼈를 추가합니다. root의 위치부터 위쪽 방향으로 길이가 190인 뼈를 생성합니다.

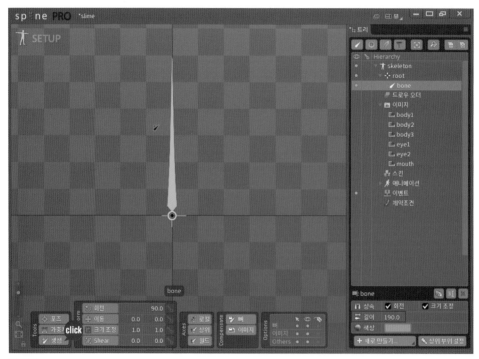

뼈 생성

마우스로 그려서 수치를 맞추기는 어렵지만 속성의 수치를 직접 변경할 수 있으니 어려워하지 않아도 됩니다. Transform에서 회전을 90.0으로, 이동을 (0.0, 0.0)으로 변경하고 트리 탭 하단에서 길이를 190으로 변경하면 됩니다.

속성 값을 직접 입력

이 뼈는 슬라임의 기본이 될 몸통 뼈입니다. 트리 탭에서 방금 생성한 뼈를 더블 클릭하여 이름을 **body**로 변경합니다.

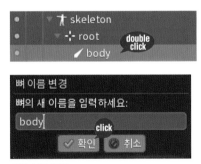

뼈의 이름 변경

뼈를 생성했으니 이제 이 body 뼈에 슬라임의 몸통 이미지를 추가해보겠습니다. 트리 탭의 이미지에서 **body1**을 선택하여 **body** 뼈로 드래그합니다.

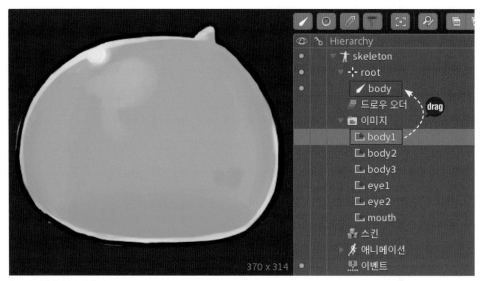

body 뼈에 이미지 추가

이미지는 영역 어태치먼트이고 어태치먼트는 슬롯에 담겨야만 하므로 새로운 슬롯을 생성하는 창이 뜹니다. 이때 슬롯의 이름은 이미지의 파일명을 따라 body1으로 지정되어 있을 텐데 이를 **body**로 변경합니다. 추후 이 슬롯에 스킨을 추가할 예정입니다.

슬롯의 이름을 body로 변경

다음으로 이렇게 추가된 이미지를 선택하고 이동 툴을 사용하여 Y 축으로 145까지 이동합니다. 그림을 보면 회전이 270으로 지정되어 있는데 이는 Axes에서 '로컬'을 선택했기 때문입니다. 즉 body 뼈가 이미 90도 회전되어 있기 때문에 상대좌표상으로는 270도 회전한 것으로 표시되는 것입니다. 이번 장에서 설명하는 위치는 모두 로컬 축 기준이므로 툴바의 Axes에서 **로컬**을 선택해주세요.

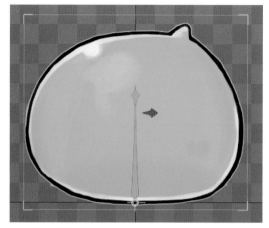

이동 툴을 사용하여 이미지 이동

슬라임의 몸통의 구성이 완료되었습니다. 다음으로 눈과 입의 뼈를 추가하도록 하겠습니다.

먼저 생성 툴을 이용하여 눈의 뼈를 생성하겠습니다. 눈의 뼈는 body의 하위에 포함되며 길이를 갖고 있을 필요가 없으므로 드래그하지 않고 클릭만 하여 뼈를 생성합니다. 뼈의 이름을 **eye**로 변경하고 위치는 (120.0, 0.0)으로 지정합니다.

눈과 입은 모두 body 뼈(슬롯)에 속해 있어야 합니다. 위치가 이상하게 표시될 경우 Axes가 로컬인지 확인하고 해당 뼈가 body의 하위에 포함되었는지 확인해보세요.

다음으로 입의 뼈를 생성합니다. 입의 뼈는 **mouth**라는 이름으로 body의 하위에 생성합니다. 위치는 (70.0, 0.0)으로 지정합니다.

지금까지 추가한 뼈는 다음과 같습니다. body 슬롯만 이미지가 추가되어 있고 눈과 입은 이미지가 아직 없습니다.

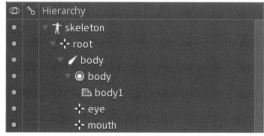

추가한 뼈들의 계층구조

Options에서 뼈의 네임태그에 체크하면 뼈의 이름을 확인할 수 있습니다.

Options에서 뼈의 네임태그에 체크

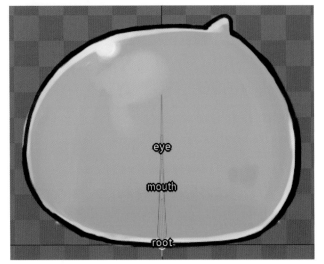

지금까지 생성한 뼈들

눈과 입의 뼈를 추가했으니 이제 몸통에 이미지를 추가했던 것처럼 눈과 입에도 이미지를 추가하도록 하겠습니다. **eye1**의 이미지를 eye의 뼈로 드래그하고 **mouth** 이미지를 mouth 뼈로 드래그합니다. 드래그하면 새로운 슬롯 이름을 물어볼 텐데, 각각 **eye**와 **mouth**로 지정하도록 합니다.

여기까지 완료했다면 슬라임의 모양이 갖춰졌을 것입니다. 이제 Options에서 뼈의 뷰 아이콘을 해제하여 이미지를 확인합니다. 뼈는 이미지 위에 보이므로 뼈에 가려 이미지가 제대로 보이지 않을 수 있으므로 전체적인 그림을 확인할 때는 뼈를 잠시 숨겨주는 것이 좋습니다.

슬라임 전체 이미지 확인

이미지를 확인했으면 다시 뼈가 보이도록 Options에서 뼈의 뷰 아이콘을 체크합니다.

8.2.2 메쉬 생성

슬라임이라는 몬스터는 몸통이 대부분 액체로 이루어져 있습니다. 따라서 슬라임 같은 몬스터는 메쉬를 이용하면 뼈에 애니메이션을 추가하는 것보다 자연스럽고 쉽게 애니메이션을 만들 수 있습니다. 그럼 body에 추가된 이미지에 메쉬를 추가해보도록 하겠습니다.

body 슬롯 하단의 **body1** 이미지, 즉 영역 어태치먼트를 선택하고 트리 탭 하단에서 메쉬에 체크합니다.

이미지를 메쉬로 변경

메쉬를 선택하면 body1의 아이콘이 이미지에서 메쉬로 바뀌며 트리 탭 하단에는 [메쉬 수정], [기본으로 고정] 등의 메쉬 전용 버튼이 추가됩니다. 여기서 [메쉬 수정] 버튼을 선택합니다.

메쉬 수정 모드로 바뀌며 작업창 하단에 관련 버튼들이 나타났습니다. 이제 버텍스를 쪼개서 면을 나누어야 합니다. 간단하게 자동 생성 버튼을 이용하여 버텍스를 생성하도록 하겠습니다. 툴바 둘째 줄에 있는 [생성] 버튼을 3번 눌러줍니다. 한 번씩 누를 때마다 버텍스가 자동으로 분할됩니다.

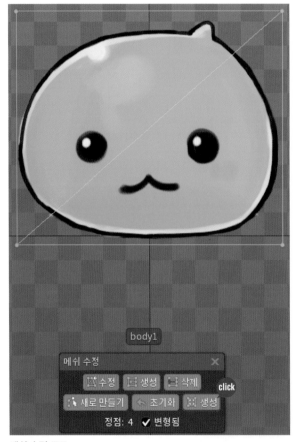

메쉬 수정 모드

3.3 버전에서는 버튼을 3번 누르면 가로로 5개, 세로로 5개, 총 25개의 버텍스가 추가되었습니다. 버전에 따라 자동으로 생성되는 개수에는 차이가 있을 수도 있습니다.

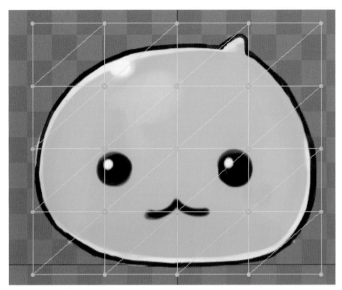

버텍스를 추가한 모습

이 버텍스를 살짝 수정해보겠습니다. 먼저 모서리의 버텍스를 삭제해봅시다. 슬라임 특성상 둥근 모양이니 모서리의 버텍스는 필요가 없기 때문입니다.

메쉬 수정 툴바에서 [삭제] 버튼을 클릭하고 모서리의 버텍스를 선택해줍니다.

버텍스 삭제

버텍스가 삭제되었습니다. 이제 [수정] 버튼을 누르고 외곽의 버텍스를 수정해보겠습니다. 슬라임의 외곽선과 너무 근접한 부분을 다듬어주는 과정입니다.

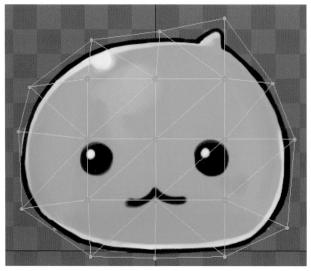

메쉬 수정

이런 식으로 버텍스를 추가하고 수정하면 버텍스 사이의 면이 버텍스에 영향을 주어 변형이 이루어지게 됩니다. 이 작업을 디테일하게 할수록 더욱 자연스러운 메쉬 애니메이션을 만들 수 있습니다.

만약 메쉬를 생성한 다음에 이미지를 교체하고 싶다면 어떻게 할까요? 메쉬 생성 후에도 이미지를 변경할 수 있습니다. 메쉬를 선택하고 트리 탭 하단에서 Image path를 변경하면 메쉬가 추가된 상태에서도 이미지를 변경할 수 있습니다.

메쉬 생성 후 이미지 변경

예를 들어 다음 그림은 body1 이미지가 들어가 있던 body1 메쉬의 이미지만 body2 이미지로 변경한 모습입니다.

메쉬의 이미지 변경

8.3 슬라임 애니메이션 생성

지금까지 슬라임의 뼈, 이미지, 메쉬 등을 추가해봤습니다. 이를 이용하여 대기와 점프 애니메이션을 생성해보도록 하겠습니다.

8.3.1 대기 애니메이션

대기 애니메이션은 슬라임의 몸통이 움직이면서 눈을 깜빡이는 애니메이션입니다. 먼저 두 애니메이션을 추가하도록 하겠습니다. 트리 탭에서 애니메이션의 하단에 **wait**와 **jump**라는 애니메이션을 추가합니다.

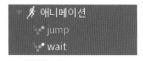

애니메이션 추가

이제 애니메이션을 생성할 수 있습니다. SETUP 모드를 ANIMATE 모드로 변경합니다.

ANIMATE 모드로 변경

먼저 대기 애니메이션 중 몸통 애니메이션을 추가하겠습니다. 트리 탭에서 **wait** 애니메이션을 선택하고 0프레임을 선택합니다. 그리고 트리 탭에서 **body1** 메쉬를 선택하고 키 프레임 아이콘을 눌러 0프레임에 기본 키 프레임을 추가합니다.

키 프레임이 추가된 body1 메쉬

그리고 20 프레임을 선택하고 다시 한번 키 프레임을 추가합니다. 처음과 끝 프레임이 동일해야만 애니메이션을 반복했을 때 자연스럽게 동작하기 때문입니다.

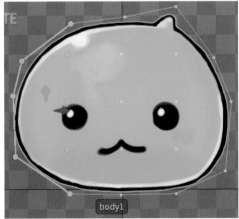

0프레임과 20프레임의 키 프레임

그리고 5프레임을 선택합니다. 5프레임에는 슬라임이 약간 오므라들어 몸이 위로 살짝 올라오는 애니메이션을 추가할 예정입니다. body1 메쉬와 5프레임의 키 프레임을 선택합니다. 그리고 슬라임 좌측의 버텍스 8개를 선택합니다. Ctrl 을 누른 채 버텍스를 하나 하나 선택하면 됩니다. 그리고 이동 툴을 선택하여 오른쪽으로 약간 이동시킵니다. 작업창의 배경 중 사각형 하나의 반만큼 이동시키면 적당합니다.

좌측 버텍스들을 우측으로 이동한 모습

그다음 가장 왼쪽의 버텍스 3개를 다시 선택하여 사각형 하나의 반만큼 더 이동시킵니다. 슬라임의 볼(?) 부분을 더 홀쭉하게 만들어주기 위해서입니다.

가장 왼쪽의 버텍스 3개를 다시 이동

슬라임의 오른쪽도 똑같이 적용해야 합니다. 5프레임에 애니메이션을 추가합니다. 슬라임의 우측에 있는 버텍스 8개도 동일하게 왼쪽으로 이동시키고 키 프레임을 다시 선택하여 5프레임에 키 프레임을 생성합니다.

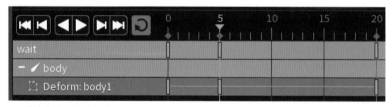

5프레임에 키 프레임 생성

이제 반복에 체크하고 애니메이션을 재생하면 5프레임까지 슬라임의 몸통이 줄어드는 것을 확인할 수 있습니다. 좌우가 줄었으니 위 방향으로도 약간 올라가야 자연스러운 애니메이션이 될 것 같습니다.

5프레임의 키 프레임을 다시 선택하고 바닥의 버텍스 3개를 제외한 나머지 버텍스를 모두 선택하여 약간 위로 이동시키고 하단의 버텍스 5개를 제외하고 또 다시 약간 위로 이동시킵니다. 슬라임 상단의 버텍스만 남을 때까지 반복합니다. 그리고 가장 위쪽의 버텍스 3개까지 이동시키고 키 프레임을 추가합니다. 그러면 5프레임에서는 좌우로는 약간 줄어들면서 위쪽으로 조금 올라가는 애니메이션이 추가됩니다. 조금씩만 이동시켜도 가장 위쪽의 버텍스는 많이 이동되므로 조금씩만 이동시키도록 합니다.

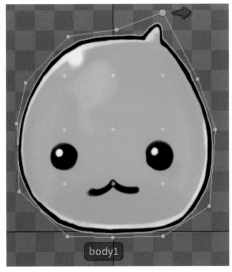

위쪽으로 솟아오른 슬라임의 몸

설명을 읽는 것만으로는 어렵게 느껴질 수 있지만 직접 실습하면 감을 잡기 쉽습니다. 완성된 프로젝트를 열어서 프레임별로 살펴보는 것도 좋습니다.

다음은 15프레임의 키 프레임을 선택하여 좌우로 퍼지면서 슬라임의 상부(?)가 내려오는 애니메이션을 추가해보겠습니다.

15프레임을 선택하고 방금 전에 5프레임에서 했던 것처럼 진행합니다. 먼저 슬라임의 왼쪽에 있는 버텍스 8개를 선택하고 왼쪽으로 사각형 반만큼 이동한 뒤, 가장 왼쪽의 버텍스 3개만 선택해서 조금 더 이동시킵니다. 슬라임의 오른쪽에 있는 버텍스 8개도 동일하게 이동시킨 뒤 키 프레임을 추가합니다.

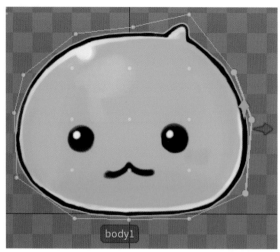

좌우로 퍼진 슬라임의 몸

슬라임의 몸이 좌우로 퍼지게 하는 것은 완료했으니, 이제 슬라임의 머리 부분이 약간 내려오
는 애니메이션을 추가합니다. 5프레임에서 했던 방식과 동일합니다. 가장 아래쪽의 버텍스 3
개를 제외한 모든 버텍스를 선택하고 약간 아래로 이동시키고 아래 5개의 버텍스를 제외하고
조금 아래로 이동한 뒤 다시 아래의 버텍스 5개를 선택 해제하고 아래로 이동시키기를 반복합
니다. 그리고 키 프레임을 추가하면 15프레임의 애니메이션이 완성되었습니다.

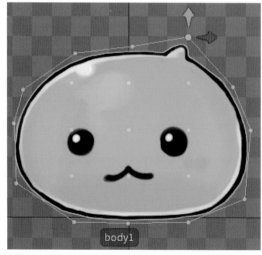

슬라임의 몸이 좌우로 퍼지면서 상부가 아래로 내려온 모습

애니메이션을 실행해보면 5프레임에서는 좌우가 줄어들면서 위로 올라가고 15프레임에서 좌우가 퍼지면서 몸이 아래로 찌부러지는 것을 확인할 수 있습니다.

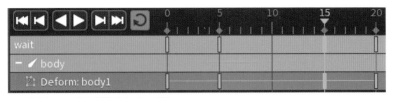

5프레임과 15프레임에 추가된 키 프레임

이를 더욱 자연스럽게 하기 위해 몸의 움직임에 그래프를 이용하여 가속도를 추가하도록 하겠습니다. 0프레임의 키 프레임을 선택하고 그래프 창을 열어 곡선 형태를 베지어 곡선으로 수정합니다. 5프레임과 15프레임도 동일하게 베지어 곡선으로 수정합니다.

이때 베지어 곡선의 포인트를 수정하여 좀 더 디테일하게 조절할 수도 있습니다.

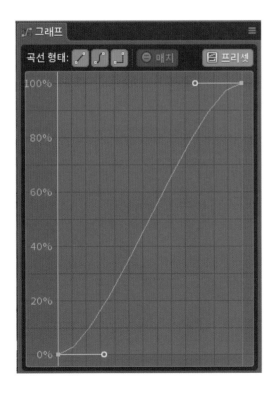

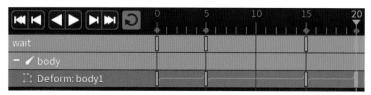
베지어 곡선이 추가된 도프 시트

애니메이션을 실행해보면 더 자연스러운 애니메이션이 만들어진 것을 알 수 있습니다. 하지만 지금까지는 슬라임의 몸통에만 애니메이션을 적용했고 눈과 입의 위치가 변하지 않으므로 눈과 입의 위치를 변화시키는 애니메이션을 추가해보겠습니다.

eye 슬롯을 선택하고 0프레임, 5프레임, 15프레임, 20프레임에 이동 키 프레임을 추가합니다.

0프레임의 이동 값

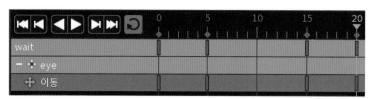
0프레임, 5프레임, 15프레임, 20프레임에 추가된 이동 키 프레임

5프레임의 키 프레임을 선택하여 위치를 (130.0, 0.0)으로 바꾸고, 15프레임의 키 프레임을 선택하여 위치를 (110.0, 0.0)으로 바꾼 후의 키 프레임을 적용합니다.

5프레임과 15프레임의 이동 값

애니메이션을 실행해보면 더 자연스러워진 것을 알 수 있습니다. 이번에는 크기 애니메이션도 추가하여 시각적으로 더 자연스럽도록 하겠습니다.

0프레임, 5프레임, 15프레임, 20프레임에 크기 조정 애니메이션 키 프레임을 추가합니다.

0프레임, 5프레임, 15프레임, 20프레임에 추가된 크기 조정 키 프레임

5프레임에서 크기 조정 애니메이션 키 프레임을 (1.05, 0.9)로 지정하여 키 프레임을 수정하고 15프레임에서 (0.9, 1.05)로 변화시킨 뒤 키 프레임을 적용합니다.

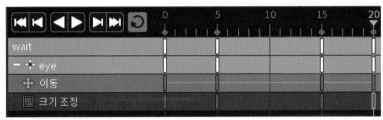

5프레임과 15프레임의 크기 조정 값

눈에도 애니메이션이 추가되어 더 자연스러워졌습니다. 다음은 입 애니메이션을 추가하도록 하겠습니다.

mouth 슬롯을 선택하고 0프레임, 5프레임, 15프레임, 20프레임에 이동 키 프레임을 추가합니다. 그리고 5프레임의 키 프레임을 (75.0, 0)으로 위치를 지정하여 키 프레임을 수정합니다. 15프레임의 키 프레임은 (65.0, 0.0)으로 수정합니다.

애니메이션을 실행해보면 자연스러운 대기 애니메이션이 생성되었습니다.

8.3.2 통통 튀는 애니메이션

이번엔 점프 애니메이션을 추가해보도록 하겠습니다. 먼저 jump 애니메이션을 선택합니다.

jump 애니메이션 선택

그다음 body 뼈를 선택하고 0프레임, 10프레임, 20프레임에 이동 애니메이션 키 프레임을 추가합니다.

0프레임의 이동 값

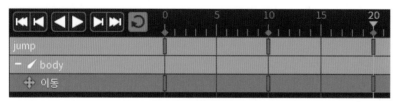

0프레임, 10프레임, 20프레임에 추가된 이동 키 프레임

그리고 10프레임의 키 프레임을 선택하여 위로 100만큼 이동시킨 뒤 키 프레임을 적용합니다.

10프레임의 이동 속성 값

기본적인 뼈 애니메이션은 완료되었습니다. 하지만 아직 자연스럽지 않은 모습입니다. 0프레임과 10프레임의 키 프레임에 그래프를 이용하여 베지어 곡선을 추가해보겠습니다.

아무 설정도 하지 않은 베지어 곡선을 적용하고 애니메이션을 재생해보면, 여전히 자연스럽지 않습니다. 베지어 곡선을 수정하여 좀 더 자연스럽게 변경하도록 하겠습니다. 먼저 0프레임을 선택하여 베지어 곡선을 아래와 같이 수정합니다.

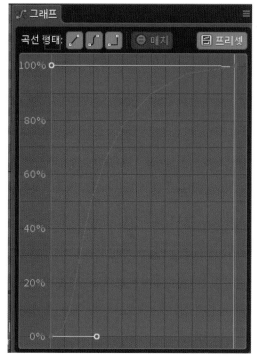

수정된 0프레임의 베지어 곡선

우측 상단의 동그라미 모양인 핸들 아이콘을 선택하여 이동시키면 곡선을 변화시킬 수 있습니다. 다음으로 10프레임의 베지어 곡선은 다음과 같이 수정합니다.

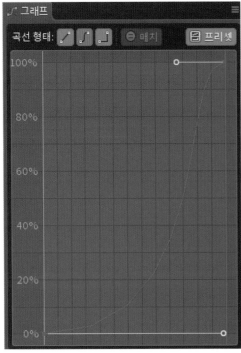

수정된 10프레임의 베지어 곡선

이제 애니메이션을 재생해보면 아까보다 자연스러운 애니메이션이 만들어졌습니다.

다음은 슬라임의 몸에 메쉬 애니메이션을 추가하도록 하겠습니다. body1 메쉬를 선택하고 0
프레임, 10프레임, 20프레임에 키 프레임을 추가합니다.

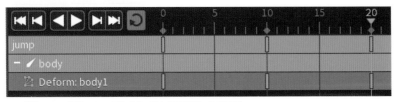

0프레임, 10프레임, 20프레임에 추가된 메쉬 변형 키 프레임

10프레임을 선택하고 대기 애니메이션의 5프레임에 했던 것처럼 좌우가 줄어들고 위로 약간 올라가는 메쉬 애니메이션을 추가하도록 하겠습니다.

기존에 만들었던 대기 애니메이션의 5프레임과 동일한 애니메이션입니다. 따라서 키 프레임을 복사해서 추가해보겠습니다. wait 애니메이션을 선택하여 5프레임 메쉬 변형 키 프레임을 선택합니다.

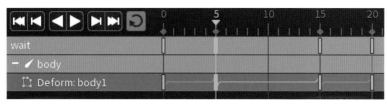

대기 애니메이션의 5프레임의 메쉬 변형 키 프레임

다음으로 도프 시트에서 키 프레임 복사 아이콘(▣)을 클릭합니다. 단축키인 Ctrl + C를 눌러도 됩니다. 그리고 jump 애니메이션의 10프레임을 선택하고 키 프레임 붙여넣기 아이콘(▤)을 클릭합니다. 단축키인 Ctrl + V를 눌러도 됩니다.

그리고 0프레임의 키 프레임에 베지어 곡선 그래프를 추가하면 0프레임과 10프레임에 베지어 곡선이 추가된 것을 확인할 수 있습니다.

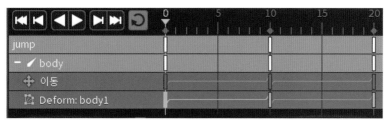

키 프레임을 붙여넣고 그래프를 적용한 점프 애니메이션

다음으로 점프하면서 슬라임이 눈을 감도록 이미지 어태치먼트 변경 애니메이션을 추가하도록 하겠습니다. 우선 어태치먼트를 변경하기 위해 eye 슬롯에 이미지를 추가해야 합니다.

SETUP 모드로 변경하여 이미지에서 **eye2**를 eye 슬롯으로 드래그합니다. 기본적으로 마지막에 추가된 어태치먼트가 보이도록 설정됩니다.

eye 슬롯에 추가된 eye2 이미지

eye1이 보이도록 eye1의 뷰 아이콘을 활성화합니다.

eye1의 뷰 아이콘을 켠 모습

이미지, 즉 영역 어태치먼트가 추가되었으므로 eye 슬롯을 선택하고 0프레임, 6프레임, 14프레임, 20프레임에 어태치먼트 키 프레임을 추가합니다. 주의할 점은 eye1이 보이는 상태에서 키 프레임을 추가해야 한다는 점입니다.

eye1 뷰 아이콘이 켜진 상태

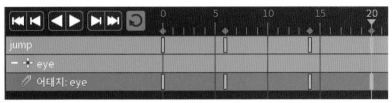

0프레임, 6프레임, 14프레임, 20프레임에 추가된 어태치먼트 키 프레임

다음으로 6프레임의 어태치먼트 키 프레임을 선택하고 **eye2**가 보이도록 선택한 뒤 키 프레임 아이콘을 선택해 키 프레임을 수정합니다.

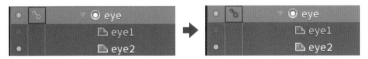

6프레임의 키 프레임이 수정된 모습

이렇게 어태치먼트 키 프레임을 추가하면 6프레임부터 13프레임까지는 슬라임이 눈을 감는 이미지로 변경됩니다.

한 가지 알아두면 좋은 팁이 있습니다. ANIMATE 모드에서는 SETUP 모드에서 선택된 어태치먼트가 기본적으로 보이므로 첫 프레임과 끝 프레임에 기본 애니메이션 키 프레임을 추가해야 합니다. 실제 런타임에서 반복하였을 경우 마지막 이미지가 그대로 보이는 문제가 발생하곤하는데, 이런 문제를 예방할 수 있습니다.

8.4 스킨 추가

지금까지 슬라임의 애니메이션을 생성해보았습니다. 이 절에서는 슬라임의 body 이미지만 변경하여 오렌지 슬라임, 블루 슬라임도 만드는 방법을 살펴보겠습니다. 앞에서 배웠듯이 이럴 때 바로 스킨 기능을 사용하면 좋습니다.

SETUP 모드로 변경한 뒤 스킨에서 green, blue, orange를 추가합니다.

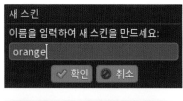

새로 만들어진 스킨

그리고 body1 메쉬를 2개 복제하겠습니다. 트리 탭에서 body1 메쉬를 선택하고 하단에서 복제 아이콘()을 클릭하면 메쉬가 복제됩니다. 두 번 복사하여 총 세 개를 만듭니다.

복제된 메쉬 어태치먼트 3개

body 슬롯을 선택하고 트리 탭 하단에서 [새로 만들기...] 버튼을 누르고 **스킨 플레이스홀더**를 선택합니다. 그리고 스킨 플레이스홀더의 이름을 **body**라고 입력합니다.

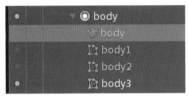

스킨 플레이스홀더 생성

이제부터 스킨에 따라 메쉬 어태치먼트가 변경되도록 수정하겠습니다. 우선 green 스킨을 선택하고 body1 메쉬를 body 스킨 플레이스홀더로 드래그합니다. 마찬가지로 blue 스킨을 선택하고 body2 메쉬를 body 스킨 플레이스홀더로 드래그합니다. 마지막으로 orange 스킨을 선택하고 body3 메쉬를 body 스킨 플레이스홀더로 드래그합니다.

작업창에 body가 보이지 않는다면 스킨 플레이스홀더의 뷰 아이콘을 활성화합니다. 이제 스킨에 따라 body의 메쉬 어태치먼트는 변경되지만, 메쉬들이 하나의 메쉬를 복제하여 만들었기 때문에 그린 슬라임의 모습만 보일 것입니다. 먼저 블루 슬라임부터 수정하겠습니다. blue 스킨을 선택하고 body2 메쉬 어태치먼트를 선택합니다. 그리고 트리 탭 하단의 Image path를 **body2**로 변경합니다.

Image path 변경

blue 스킨에 블루 슬라임이 추가되었습니다.

body2 이미지로 변경된 모습

같은 방식으로 orange 스킨을 선택하고 body3 메쉬 어태치먼트의 Image path를 **body3**으로 변경합니다.

body3 이미지로 변경된 모습

이상으로 green, blue, orange 스킨의 추가가 완료되었습니다. 하지만 ANIMATE 모드로 변경하여 애니메이션을 실행하면 애니메이션은 복제되지 않은 것을 알 수 있습니다. 메쉬 애니메이션은 복제가 되지 않았으므로 따로 복사해야 합니다.

먼저 대기 애니메이션을 복제하겠습니다. ANIMATE 모드로 변경하고 green 스킨을 보이도록 하고 wait 애니메이션을 선택합니다. 그리고 body1 메쉬 어태치먼트를 선택합니다.

도프 시트에 보이는 키 프레임 4개(0, 5, 15, 20프레임)를 드래그한 뒤 복사 아이콘(▤)이나 Ctrl + C 단축키를 사용하여 복사합니다. 그다음 blue 스킨으로 변경하고 body2 메쉬 어태치먼트를 선택합니다. 0프레임을 선택하고 붙여넣기 아이콘(▤)이나 Ctrl + V 단축키를 사용하여 추가합니다.

그럼 애니메이션이 복제되어 green 스킨의 애니메이션과 동일하게 동작합니다.

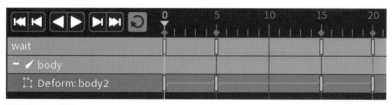

복제된 키 프레임

orange 스킨도 이와 동일하게 복제합니다. jump 애니메이션 역시 동일하게 복제하면 세 가지 슬라임 몬스터가 완성되었습니다. 완성된 슬라임은 3종류 스킨을 갖고 각 스킨마다 대기와 점프 애니메이션이 동일하게 동작합니다.

8.5 마치며

- 지금까지 배운 내용을 바탕으로 이미지 리소스를 사용해 게임에 사용할 슬라임 캐릭터(?)를 직접 만들어봤습니다.

- 이미지에 메쉬를 넣으면 한 장의 이미지만으로도 자연스러운 움직임을 구현할 수 있다는 점을 확인했습니다.

- 또한 두 가지 애니메이션을 직접 만들면서 애니메이션 기능을 복습했고, 스킨마다 이미지를 바꾸는 등의 실습을 했습니다.

런타임

런타임이란 스파인에서 생성된 파일을 게임 엔진이나 기타 다른 플랫폼에서 사용하기 위한 라이브러리입니다. 이 책에서는 널리 쓰이는 유니티와 cocos2d-x의 예를 살펴보겠습니다. cocos2d-x의 경우 엔진에 기본적으로 스파인 런타임이 포함되어 있으므로 따로 설치하지 않아도 되고, 유니티는 런타임을 다운로드하여 설치해야 합니다.

9.1 런타임 종류

먼저 런타임의 종류를 살펴본 다음 설치 방법도 살펴보겠습니다. 스파인에서 제공하는 런타임 종류는 다음과 같습니다. 버전업에 따라 포함되는 런타임의 차이가 있을 수 있습니다.

런타임 종류

게임 엔진	런타임 언어
cocos2d-objc	오브젝티브-C
cocos2d-x	C++
코로나	루아
플래시	액션스크립트 3
HTML5 캔버스	자바스크립트/타입스크립트
HTML5 WebGL	자바스크립트/타입스크립트
HTML5 임베딩 위젯	자바스크립트/타입스크립트
libgdx	자바
LÖVE	루아
MonoGame	C#
SFML	C++
Starling	액션스크립트 3
THREE.js	자바스크립트/타입스크립트
유니티	C#
XNA	C#

각 엔진에서 기본적으로 스파인 런타임을 제공하는 경우도 있으니 엔진 문서를 확인 후 런타임을 적용하면 됩니다.

엔진에서 제공하지 않는 경우 런타임을 다운로드하려면 먼저 스파인 공식 사이트에 접속하여 중단의 **런타임**을 클릭합니다.

URL http://ko.esotericsoftware.com

스파인 공식 사이트(한국어)

그다음 원하는 런타임을 선택하여 소스가 있는 깃허브 저장소로 이동한 후 해당 저장소의 설명에 따라 다운로드 및 설치를 하면 됩니다. 유니티의 경우 다음 절에서 설치하고 실습해볼 것입니다.

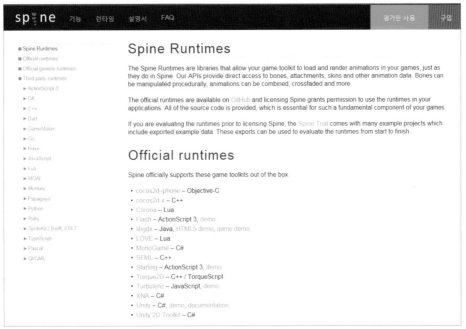

런타임 페이지

9.2 유니티 런타임 실습

유니티는 3D 게임 제작에 주로 사용되나 2D 게임 제작에도 널리 사용되는 엔진입니다. 연간 수익 10만 달러 미만의 사업체는 Personal (개인) 라이선스로 유니티3D를 무료로 사용할 수 있습니다. 아직 설치하지 않았다면 유니티 다운로드 페이지에서 다운로드할 수 있습니다.

URL https://store.unity.com/kr

유니티 다운로드 페이지

다운로드한 파일을 실행하고 [Next] 버튼을 계속 누르면 추가 파일을 다운로드하고 설치하게 됩니다. 유니티 계정이 없다면 설치 후 최초 실행 시 계정을 만들어야 합니다(무료로 만들 수 있습니다). 이하 실습은 이 책을 쓰는 시점에서 최신 버전인 유니티 5.5.0 버전을 기준으로 설명하겠습니다.

9.2.1 유니티용 스파인 런타임 다운로드 및 설치

스파인 사이트의 런타임 페이지에서 유니티 항목 오른쪽에 있는 문서(documentation)를 누르면 유니티에서 스파인을 사용하는 방법을 설명하는 문서로 이동합니다.

URL http://ko.esotericsoftware.com/spine-unity

Getting Started

Installing

1. Download and install Unity (There's a free version.)
2. Create an empty Unity project.
3. Download the latest spine-unity.unitypackage: http://esotericsoftware.com/files/runtimes/unity/spine-unity.unitypackage.
4. Import the unitypackage (you can double-click on it and Unity will open it).
5. Go to the Examples\Getting Started folder in the Project panel. Open and examine those Unity Scene files in order. Make sure you read the text in the scene, check out the inspector and open the relevant sample scripts.

유니티용 스파인 문서

이 문서 3번에 나와 있는 것처럼 유니티용 패키지를 다운로드해야 합니다. 문서의 링크로 접속하여 유니티 패키지를 다운로드합니다.

URL http://esotericsoftware.com/files/runtimes/unity/spine-unity.unitypackage

이제 유니티를 실행해서 빈 2D 프로젝트를 생성합니다. 이름은 적당히 **spineTest**라고 지었습니다. 그리고 받아놓은 유니티 패키지를 임포트합니다. 또는 **Assets 〉 Import Package 〉 Custom Package...**를 누르고 파일을 고르거나, 다운로드한 패키지를 탐색기에서 더블 클릭해도 됩니다.

그러면 다음과 같은 임포트 창이 하나 뜰 텐데 모두 선택된 상태임을 확인하고 [Import] 버튼을 누릅니다.

임포트 창

임포트를 완료하면 하단 Assets(에셋) 창에 추가된 런타임 폴더 4개가 보일 것입니다.

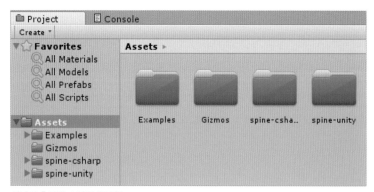

에셋에 추가된 스파인 런타임

9.2.2 스파인 프로젝트를 유니티 에셋으로 임포트하기

예를 들어 에일리언, 고블린, 히어로 프로젝트를 유니티에서 불러오겠습니다. 6장에서 배운 것처럼 이들 프로젝트를 JSON 방식으로 내보내기합니다.

내보내기한 결과 폴더들

유니티는 .txt 형태로 데이터를 불러오기 때문에 현재 상태 그대로는 불러올 수 없습니다. 각 폴더의 .json과 .atlas 파일명 뒤에 .txt를 추가하여 확장자를 변경해주면 쉽게 불러올 수 있습니다.

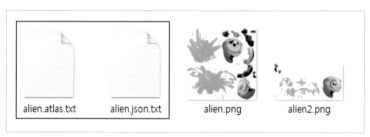

확장자를 변경한 파일들

이렇게 파일명을 변경한 뒤 폴더를 유니티 프로젝트의 에셋으로 임포트합니다. **Assets 〉 Import New Asset...**을 선택해도 되고, 탐색기에서 해당 폴더를 유니티 에셋 창으로 끌어다가 놓아도 됩니다.

추가된 스파인 에셋

유니티 에셋에 추가하면 유니티에서 필요한 **.asset**, **.meta** 파일 등이 자동으로 생성되어 에셋 폴더에 추가됩니다.

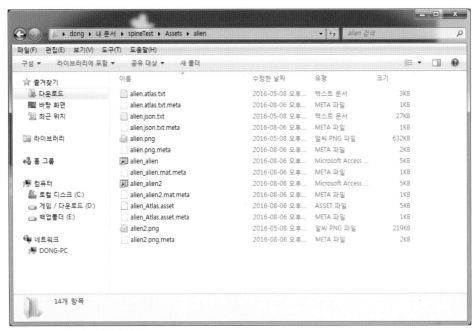

에일리언 폴더에 새로 생성된 파일들

이로써 이제 유니티에서 불러오기 위한 준비가 거의 끝났습니다.

다음으로 유니티에서 사용할 **스켈레톤 데이터**를 생성해야 합니다. 에일리언을 예로 들어 살펴보 겠습니다. 에셋 중 **alien**을 오른쪽 클릭하고 **Create ⟩ Spine ⟩ SkeletonData Asset**을 선택 합니다.

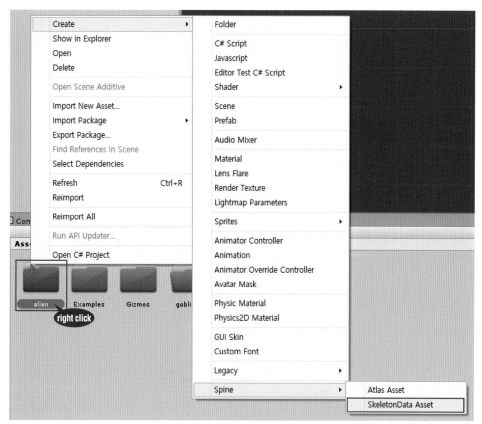

스켈레톤 데이터 생성

이제 에셋 중 **alien** 폴더에 들어가보면 스켈레톤 데이터가 생성된 것이 보입니다.

생성된 스켈레톤 데이터

이 스켈레톤 데이터를 선택한 상태에서 오른쪽 Inspector(인스펙터) 창을 보면 스켈레톤 데이터와 아틀라스 속성이 있습니다. SkeletonData의 Skeleton JSON 및 Atlas의 Atlas Assets에 스파인에서 내보냈던 .json과 .atlas를 각각 연결해야 합니다. 먼저 Atlas Assets

에서 **Size**를 1로 설정하면 Element 0을 지정할 수 있는 칸이 생기는데, 여기 오른쪽에 있는 동그라미를 눌러 **alien_Atlas** 아틀라스 에셋을 선택합니다. 그다음 위에 있는 **Skeleton JSON** 오른쪽에 있는 동그라미를 눌러 alien.json을 선택합니다.

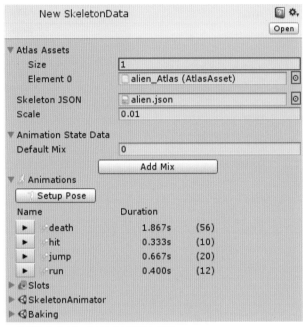

스켈레톤 데이터에 JSON과 아틀라스 지정

이제 스파인에서 생성했던 정보들이 인스펙터에 모두 표시되어야 정상이고, 에셋 창을 보면 스켈레톤 데이터에 스파인에서 생성했던 캐릭터 모습이 보이는 것을 알 수 있습니다.

에셋 창에 생성된 캐릭터

생성된 스켈레톤 데이터를 Scene(씬) 창에 드래그하면 메뉴가 나오는데 **SkeletonAnimation**을 선택합니다.

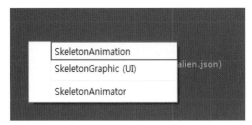

SkeletonAnimation 선택

그러면 Scene 창에 스파인에서 만든 에일리언 캐릭터가 나타난 것을 볼 수 있습니다.

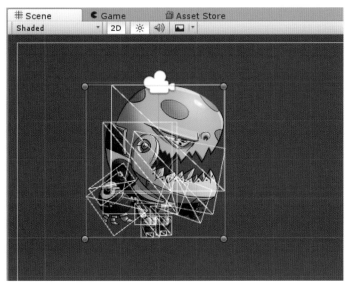

에일리언 캐릭터를 불러온 화면

9.2.3 애니메이션 스크립트

그럼 이제 이 에일리언 캐릭터를 유니티에서도 움직이게 만들어야겠죠? 애니메이션 관련 스크립트를 생성하겠습니다.

에셋 창에서 빈 곳을 오른쪽 클릭하고 **Create** 〉 **C# Script**를 선택하여 스크립트를 생성합니다. 파일명은 적당히 **SpineTestScript**로 지정했습니다.

스크립트 생성

생성된 스크립트를 더블 클릭하면 비주얼 스튜디오나 모노디벨롭 같은 에디터가 열릴 것입니다. 이 코드를 수정해서 스파인에서 만든 run 애니메이션을 실행하게 해보겠습니다. 애니메이션을 실행하는 데에는 SetAnimation 함수를 사용합니다. 다음 코드에서 노란색으로 표시한 라인이 추가된 코드입니다.

```
using UnityEngine;
using System.Collections;
using Spine;
using Spine.Unity;

public class SpintTestScript : MonoBehaviour {
    private SkeletonAnimation skeletonAnimation;

    // Use this for initialization
    void Start () {
        skeletonAnimation = GetComponent<SkeletonAnimation> ();

        // SetAnimation(인덱스, 애니메이션 이름, 애니메이션 반복)
        skeletonAnimation.state.SetAnimation(0, "run", true);
    }

    // Update is called once per frame
    void Update () {

    }
}
```

에디터에서 스크립트 수정을 마치고 저장합니다. 그다음 유니티 에셋 창에 있는 이 스크립트를 씬 창에 추가한 에일리언 캐릭터에 끌어다 놓습니다. 인스펙터를 보면 스크립트가 하나 추가되었을 것입니다.

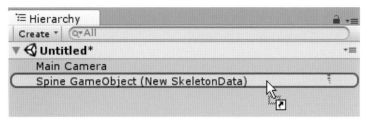

스크립트를 Hierarchy 창의 스켈레톤 데이터에 드래그

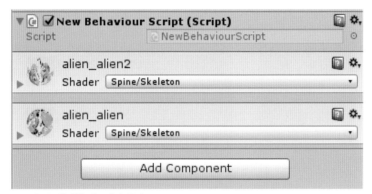

스크립트를 추가한 인스펙터 화면

이제 유니티에서 상단의 **재생 버튼**(▶)을 누르면 코드에서 수정한 대로 run 애니메이션이 재생
됩니다.

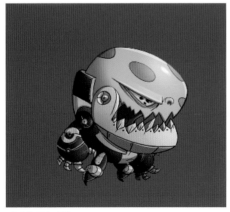

애니메이션 재생

애니메이션을 이어서 실행하는 것도 가능합니다. AddAnimation 함수를 이용합니다. 앞의 코드에서 Start 메서드 내용을 다음과 같이 바꿔보겠습니다.

```
void Start () {
    skeletonAnimation = GetComponent<SkeletonAnimation> ();

    // AddAnimation(인덱스, 애니메이션 이름, 애니메이션 반복, 재생 전 지연시간)
    skeletonAnimation.state.AddAnimation(0, "run", false, 0);
    skeletonAnimation.state.AddAnimation(0, "jump", false, 0);
    skeletonAnimation.state.AddAnimation(0, "hit", false, 0);
    skeletonAnimation.state.AddAnimation(0, "death", false, 1);  //1초 지연
}
```

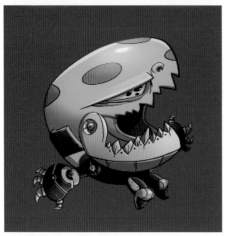

애니메이션 연속으로 실행하기

run, jump, hit 애니메이션이 순서대로 실행된 다음, 1초를 기다린 후에 death 애니메이션이 실행됩니다.

9.2.4 타임 스케일

애니메이션이 재생되는 속도, 즉 **타임 스케일**을 코드상에서 제어할 수도 있습니다.

```
skeletonAnimation.state.TimeScale = 0.1f;
```

TimeScale 필드를 이용하여 애니메이션 실행 속도를 조절할 수 있습니다. 1.0이 100%이고 0.0은 0%입니다. 즉 0.1이면 1/10로 속도가 줄어듭니다.

```
skeletonAnimation.state.TimeScale = 2.0f;
```

물론 2.0을 입력하면 200%, 즉 2배 속도가 적용됩니다.

9.2.5 스킨 변경

이번엔 고블린 예제를 사용하여 스킨을 변경하는 코드 예제를 살펴보겠습니다. 앞에서 본 것과 같은 방식으로 고블린의 스켈레톤 데이터를 생성하여 씬에 추가합니다.

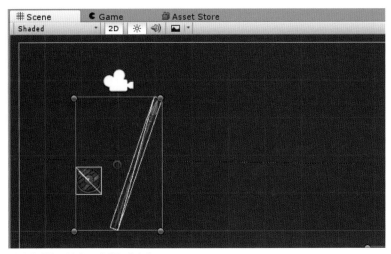

씬에 추가한 고블린 스켈레톤 데이터

단순히 추가하기만 하면 스킨으로 지정된 부분은 화면에 표시되지 않습니다.

이제 스크립트 파일을 생성하여 스켈레톤 데이터에 연결하고 다음과 같이 스킨을 지정합니다.

```
using UnityEngine;
using System.Collections;
using Spine;
using Spine.Unity;

public class SpintTestScript : MonoBehaviour {
    private SkeletonAnimation skeletonAnimation;

    // Use this for initialization
    void Start () {
        skeletonAnimation = GetComponent<SkeletonAnimation> ();

        skeletonAnimation.skeleton.SetSkin("goblin");
        skeletonAnimation.skeleton.SetSlotsToSetupPose();
    }

    // Update is called once per frame
    void Update () {

    }
}
```

SetSkin 메서드를 이용하여 스킨을 지정하였습니다.

남자 고블린 스킨

goblin 스킨을 지정했으므로 남자 고블린이 나타났습니다. 이 상태에서 애니메이션을 실행해 보겠습니다. 앞의 코드의 **Start** 메서드 내에서 마지막에 다음 코드를 추가합니다.

```
// 애니메이션 지정
skeletonAnimation.state.SetAnimation(0, "walk", true);
```

walk 애니메이션이 반복되어 재생될 것입니다.

walk 애니메이션 적용

걷는 애니메이션이 실행되었습니다.

이 상태에서 중간에 스킨을 변경할 수도 있습니다. 마우스를 누르면 여자 고블린(goblingirl) 스킨으로 바뀌도록 다음과 같은 코드를 입력합니다. 마우스 동작은 애니메이션 시작 시 한 번만 검사하는 게 아니라 재생 도중에도 매 프레임 검사해야 하므로 **Update** 메서드 안에 넣습니다.

```
// Update is called once per frame
void Update () {
    if (Input.GetMouseButtonDown (0)) {
        Debug.Log("눌렀다!");
        skeletonAnimation.skeleton.SetSkin("goblingirl");
        skeletonAnimation.skeleton.SetSlotsToSetupPose();
    }
}
```

이제 재생 도중에 마우스를 누르면(화면을 터치하면) goblingirl 스킨으로 변경됩니다.

24 재생 도중 스킨을 바꾼 모습

9.2.6 어태치먼트 변경

에셋 창에서 고블린의 스켈레톤 데이터를 선택하고 인스펙터에서 제일 하단의 Slots를 보면 슬롯 목록이 표시됩니다. 슬롯만 보이고 어태치먼트가 보이지 않는다면 **Show Attachments**에 체크해야 합니다. 5장에서도 살펴봤듯, 고블린의 왼손에는 창과 단검이 하나의 슬롯에 들어 있습니다.

Mix Settings

▼ Animation State Data

Default Mix Duration   0.2

Add Mix

Preview

▼ Animations [1]

Setup Pose

Name   Duration

▶   walk   1.000s   (30)

▼ Slots

☑ Show Attachments

◎ right hand item 2

☑ shield

◎ right hand

◎ right hand item

☑ dagger

◎ right hand thumb

◎ right arm

◎ right shoulder

◎ eyes

◎ head

◎ right upper leg

◎ undies

◎ undie straps

◎ right lower leg

◎ right foot

◎ pelvis

◎ torso

◎ neck

◎ left upper leg

◎ left lower leg

◎ left foot

◎ left hand

◎ left hand item

☐ dagger

☑ spear

◎ left arm

◎ left shoulder

▶ SkeletonAnimator

슬롯 목록

left hand item 슬롯에 두 개의 이미지 어태치먼트가 들어 있는데 런타임에서 쉽게 이 두 가지 어태치먼트를 변경할 수 있습니다. 앞에서 추가한 코드 뒤에 SetAttachment 메서드를 호출하는 코드를 추가합니다.

```
// Update is called once per frame
void Update () {
    if (Input.GetMouseButtonDown (0)) {
        Debug.Log("눌렀다!");
        skeletonAnimation.skeleton.SetSkin("goblingirl");
        skeletonAnimation.skeleton.SetSlotsToSetupPose();

        skeletonAnimation.skeleton.SetAttachment("left hand item", "dagger");
    }
}
```

재생 중 화면을 터치하면 스킨이 바뀔 뿐 아니라 left hand item 슬롯의 어태치먼트도 창 (spear)에서 단검(dagger)으로 변경되는 것을 볼 수 있습니다.

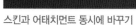
스킨과 어태치먼트 동시에 바꾸기

화면을 터치하면 여자 고블린으로 바뀌고 왼손에 단검을 들고 있는 것을 확인할 수 있습니다.

9.2.7 이벤트

이번에는 히어로 예제를 사용해 이벤트 리스너를 추가해보겠습니다. 히어로 샘플 프로젝트를 가져와서 스켈레톤 데이터를 생성하고 스크립트를 새로 생성하는 과정은 생략합니다.

예를 들어 Walk 애니메이션은 16프레임과 32프레임에 Footstep이라는 이벤트가 추가되어 있습니다. 이벤트가 있는지 유니티에서 확인하려면 에셋 창에서 스켈레톤 데이터를 선택하고 인스펙터 창 최하단 **Preview**에서 애니메이션을 재생해보면 됩니다.

미리보기 재생 중

보라색 표시가 이벤트가 추가된 프레임을 뜻합니다. 이러한 이벤트를 런타임에서 리스너를 이용해 받을 수 있습니다. 스크립트를 새로 생성하는 등은 앞의 예제들과 같습니다. Start 메서드 안에 다음과 같이 새로운 코드를 입력합니다.

```
// Use this for initialization
void Start () {
    skeletonAnimation = GetComponent<SkeletonAnimation> ();
    skeletonAnimation.state.SetAnimation(0, "Walk", true);

    // Call our method any time an animation fires an event.
    skeletonAnimation.state.Event += Event;
    // A lambda can be used for the callback instead of a method.
    skeletonAnimation.state.End += (state, trackIndex) => {
        Debug.Log("start: " + state.GetCurrent(trackIndex));
    };
}

public void Event (Spine.AnimationState state, int trackIndex, Spine.Event e) {
    Debug.Log(trackIndex + " " + state.GetCurrent(trackIndex) + ": event " + e
        + ", " + e.Int);
}
```

이렇게 리스너를 설정하면 이벤트에 대한 내용을 받을 수 있습니다.

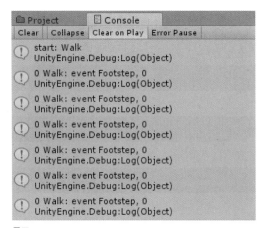

로그

로그를 보면 이벤트에 대한 내용을 리스너로 받았음을 확인할 수 있습니다.

9.3 cocos2d-x 런타임

cocos2d-x에는 기본으로 스파인 라이브러리가 포함되어 있으므로 추가로 다운로드하거나 설치할 것은 없습니다. cocos2d-x는 다음의 공식 사이트 다운로드 페이지에서 다운로드할 수 있으며, 필자는 cocos2d-x 3.4 기준으로 집필했습니다.

URL http://cocos2d-x.org/download

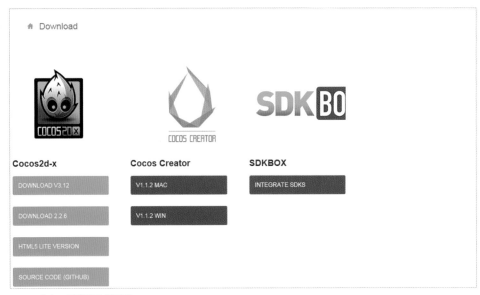

cocos2d-x 다운로드 페이지

cocos2d-x를 다운로드하여 환경 설정만 하면 따로 스파인 런타임을 설치하지 않아도 cocos 2d-x에 포함된 스파인 라이브러리를 통해 스파인으로 내보낸 파일을 불러올 수 있습니다.

9.3.1 객체 생성 및 애니메이션 실행

우선 프로젝트의 Resources 폴더 안에 spine이란 폴더를 생성했고, 여기에 스파인에서 JSON 방식으로 내보낸 에일리언, 고블린, 히어로 프로젝트를 복사해뒀습니다. 유니티와 달리 파일 확장자를 .txt로 바꿀 필요는 없습니다.

Resources\spine 폴더에 준비해둔 프로젝트 폴더

이제 뼈대 애니메이션 객체를 생성하기 위해 프로젝트의 메인 클래스 파일에서 아래와 같이 입력합니다. 에일리언을 예로 들겠습니다.

```
#include <spine/spine-cocos2dx.h>

...

// 화면 크기
Size visibleSize = Director::getInstance()->getVisibleSize();

// 뼈대 애니메이션 생성
auto skeletonNode = spine::SkeletonAnimation::createWithFile("spine/
alien/alien.json", "spine/alien/alien.atlas");
// 위치 설정
skeletonNode->setPosition(Vec2(visibleSize.width / 2, 20));
// Scene에 추가
addChild(skeletonNode);
```

cocos2d-x에 기본적으로 스파인 런타임이 포함되어 있으므로 헤더에 스파인 라이브러리 헤더만 추가해주면 바로 사용할 수 있습니다.

```
#include <spine/spine-cocos2dx.h>
```

SkeletonAnimation을 사용해서 .json과 .atlas를 로드하기만 하면 바로 화면에 배치할 수 있습니다.

```
auto skeletonNode = spine::SkeletonAnimation::createWithFile("spine/alien/
alien.json", "spine/alien/alien.atlas");
```

이제 에일리언이 화면 중앙의 하단에 위치했을 겁니다. 좌표 기준은 스파인에서 루트의 위치입니다.

화면에 배치한 에일리언

애니메이션을 지정하면 바로 애니메이션을 실행할 수 있습니다.

```
// setAnimation(인덱스, 애니메이션 이름, 애니메이션 반복)
skeletonNode->setAnimation(0, "run", true);
```

setAnimation 메서드를 이용하여 애니메이션을 실행할 수 있습니다. run 애니메이션이 실행
되는 것을 볼 수 있습니다.

유니티와 마찬가지로 애니메이션을 이어서 실행할 수도 있습니다. 코드 형태도 비슷하므로 직
관적으로 이해할 수 있을 것입니다.

```
// addAnimation(인덱스, 애니메이션 이름, 애니메이션 반복, 재생 전 지연시간)
skeletonNode->addAnimation(0, "run", false);
skeletonNode->addAnimation(0, "jump", false);
skeletonNode->addAnimation(0, "hit", false);
skeletonNode->addAnimation(0, "death", false, 1);    // 1초 지연
```

run, jump, hit 애니메이션이 순서대로 실행된 다음, 1초를 기다린 후에 death 애니메이션이 실행됩니다.

디버깅을 용이하게 하기 위해 본이나 슬롯을 표시할 수도 있습니다.

```
// 디버깅용으로 뼈 표시
skeletonNode->setDebugBonesEnabled(true);
// 디버깅용으로 슬롯 표시
skeletonNode->setDebugSlotsEnabled(true);
```

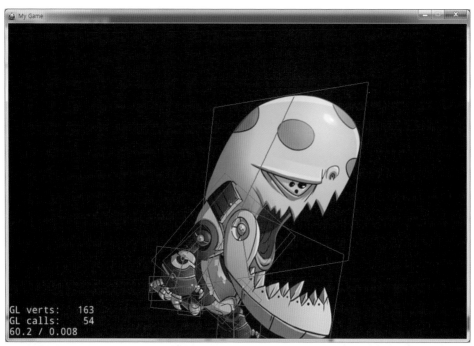

뼈와 슬롯 표시

9.3.2 타임 스케일

유니티 예제와 마찬가지로 애니메이션이 재생되는 속도, 즉 타임 스케일을 코드로 제어할 수도
있습니다.

```
skeletonNode->setTimeScale(0.1f);
```

setTimeScale 메서드를 이용하여 애니메이션 실행 속도를 조절할 수 있습니다. 1.0이 100%
입니다. 0.1이면 1/10로 속도가 줄어듭니다.

```
skeletonNode->setTimeScale(2.0f);
```

2.0을 입력하면 200%, 즉 2배의 속도가 적용됩니다.

9.3.3 스킨 변경

역시 유니티 예제와 마찬가지로 고블린 예제를 사용하여 스킨을 변경해보겠습니다. 먼저 고블린을 불러옵니다.

```
// 뼈대 애니메이션 생성
auto skeletonNode = spine::SkeletonAnimation::createWithFile("spine/
goblins/goblins.json", "spine/goblins/goblins.atlas");
// 위치 설정
skeletonNode->setPosition(Vec2(visibleSize.width / 2, 20));
// 크기 조정
skeletonNode->setScale(1.6f);
// Scene에 추가
addChild(skeletonNode);
```

실행하면 스킨으로 지정된 부분은 표시되지 않는 것을 확인할 수 있습니다.

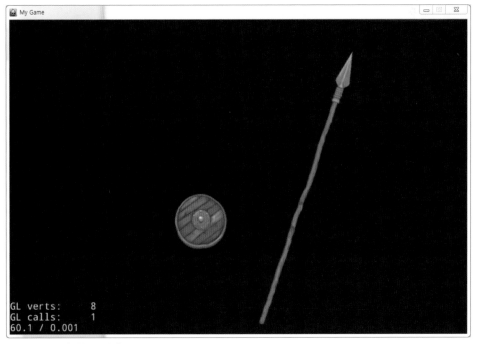

스킨이 표시되지 않는 고블린

그럼 스킨을 지정해주겠습니다. setSkin 메서드로 스킨의 이름을 입력하면 됩니다.

```
// 스킨 지정
skeletonNode->setSkin("goblin");
```

남자 고블린이 나타났습니다.

36 남자 고블린 스킨 적용

이제 walk 애니메이션을 실행하고, 애니메이션 실행 도중에 스킨을 변경해보겠습니다.

```
// 애니메이션 지정
skeletonNode->setAnimation(0, "walk", true);

EventListenerTouchOneByOne* listener = EventListenerTouchOneByOne::
create();
listener->onTouchBegan = [=](Touch* touch, Event* event) -> bool {
    skeletonNode->setSkin("goblingirl");
    return true;
};
_eventDispatcher->addEventListenerWithSceneGraphPriority(listener, this);
```

화면을 터치하면 goblingirl 스킨으로 변경하도록 하였습니다. 실행한 후 남자 고블린이 걷는 도중에 화면을 터치하면 여자 고블린으로 스킨이 변경되는 것을 확인할 수 있습니다.

재생 도중 스킨을 바꾼 모습

9.3.4 어태치먼트 변경

앞에서도 봤지만 고블린의 왼손에는 창과 단검이 하나의 슬롯에 들어 있습니다. left hand item 슬롯에 두 개의 이미지 어태치먼트가 들어 있는데 런타임에서 쉽게 이 두 가지 어태치먼트를 변경할 수 있습니다.

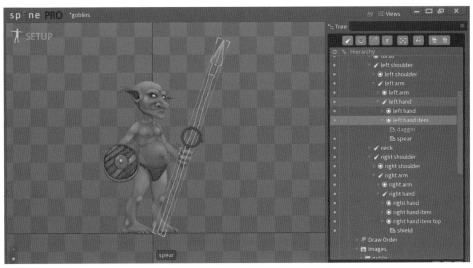

스파인에서 본 left hand item 슬롯

이렇게 수정하고 실행해보면 화면을 터치하면 어태치먼트가 변경되도록 아래와 같이 수정합니다.

```
listener->onTouchBegan = [=](Touch* touch, Event* event) -> bool {
    // 스킨 변경
    skeletonNode->setSkin("goblingirl");

    // 어태치먼트 변경
    skeletonNode->setAttachment("left hand item", "dagger");
    return true;
};
```

이 코드는 화면을 터치하면 여자 고블린 스킨으로 바뀌면서 left hand item 슬롯의 어태치먼트도 dagger로 변경합니다.

이렇게 수정하고 실행해보면 화면을 터치하면 여자 고블린으로 바뀌고 왼손에 단검을 들고 있는 것을 확인할 수 있습니다.

9.3.5 Event

이번엔 히어로 예제를 사용해 이벤트 리스너를 추가해보겠습니다. 히어로 예제의 Walk 애니메이션을 보면 16프레임과 32프레임에 Footstep 이벤트가 추가되어 있습니다.

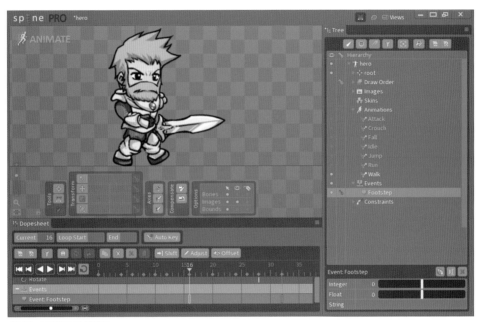

히어로 프로젝트의 이벤트

이 이벤트를 런타임에서 리스너를 이용해 받을 수 있습니다. 우선 화면에 히어로 객체를 배치합니다.

```
// 뼈대 애니메이션 생성
auto skeletonNode = spine::SkeletonAnimation::createWithFile
("spine/hero/hero.json", "spine/hero/hero.atlas");
// 애니메이션 지정
skeletonNode->setAnimation(0, "Walk", true);
// 위치 설정
skeletonNode->setPosition(Vec2(visibleSize.width / 2, 20));
// Scene에 추가
addChild(skeletonNode);
```

히어로 캐릭터를 불러와 Walk 애니메이션을 실행했습니다.

Walk 애니메이션 중인 히어로

이제 이벤트 리스너를 추가하겠습니다.

```
skeletonNode->setStartListener([=](int trackIndex) {
    spTrackEntry* entry = spAnimationState_getCurrent(skeletonNode->
getState(), trackIndex);
    const char* animationName = (entry && entry->animation) ?
entry->animation->name : 0;
    log("%d start: %s", trackIndex, animationName);
});

skeletonNode->setEndListener([](int trackIndex) {
    log("%d end", trackIndex);
});
skeletonNode->setCompleteListener([](int trackIndex, int loopCount) {
    log("%d complete: %d", trackIndex, loopCount);
});
skeletonNode->setEventListener([](int trackIndex, spEvent* event) {
    log("%d event: %s, %d, %f, %s", trackIndex, event->data->name, event
->intValue, event->floatValue, event->stringValue);
});
```

startListener, EndListener, CompleteListener, EventListener를 설정하여 이벤트에 대한 내용을 받을 수 있습니다.

```
O event: Footstep, O, 0.000000, (null)
O event: Footstep, O, 0.000000, (null)
O complete: 1
O event: Footstep, O, 0.000000, (null)
O event: Footstep, O, 0.000000, (null)
O complete: 2
O event: Footstep, O, 0.000000, (null)
O event: Footstep, O, 0.000000, (null)
O complete: 3
```

이벤트 로그

로그를 보면 이벤트에 대한 내용을 리스너로 받았습니다.

9.3.6 애니메이션 믹스

cocos2d-x에서는 자연스럽게 중간 프레임이 없는 어색한 동작을 간단히 보정할 수 있습니다. 아래와 같이 애니메이션 믹스를 설정합니다.

```
// 애니메이션 믹스
skeletonNode->setMix("Walk", "Crouch", 0.5f);

EventListenerTouchOneByOne* listener = EventListenerTouchOneByOne::create();
listener->onTouchBegan = [=](Touch* touch, Event* event) -> bool {
    skeletonNode->setAnimation(0, "Crouch", true);
    return true;
};
_eventDispatcher->addEventListenerWithSceneGraphPriority(listener, this);
```

setMix를 지정하면 해당 애니메이션으로 변경될 때 해당 시간만큼 중간 애니메이션을 생성해 줍니다.

걷다가 앉기

화면을 터치하면 걷는 애니메이션 도중에 중간 애니메이션이 생성되고, 이것이 앉는 애니메이션으로 연결되는 것을 확인할 수 있습니다.

9.4 마치며

- 스파인 런타임은 유니티, cocos2d-x, 플래시, HTML5 등 다양한 게임 엔진 및 플랫폼을 지원합니다.

- 특히 2D 게임에서 널리 쓰이는 유니티와 cocos2d-x를 기준으로, 스파인 런타임을 설치하고 애니메이션을 불러와 재생하거나 제어하는 방법을 살펴봤습니다.

CHAPTER 10

2D 게임 개발 도구들

게임을 개발하는 데 도움이 되는 툴은 많이 있습니다. 비슷한 기능을 하더라도 툴마다 차이점이 많이 있으니 자신이 개발하려는 기능에 대해 맞는 툴을 선택하면 개발에 많은 도움이 됩니다.

10장은 이 책의 부록으로서 스파인처럼 2D 게임 개발에 도움이 되는 여러 서드파티 툴들을 간단히 소개합니다. 개발 기간 단축과 제품의 퀄리티를 높이는 데 도움이 되리라 믿습니다.

10.1 Live2D

Live2D 로고

Live2D는 2D 이미지를 마치 3D처럼 만들어 2D 이미지를 살아 있는 것처럼 만들어주는 툴입니다. 모바일과 PC 등 여러 곳에서 사용할 수 있습니다. 주로 미연시(미소녀 연애 시뮬레이션)에서 얼굴 표정과 모션 등을 제작하는 데 많이 쓰여왔습니다.

2016년 10월 말 국내 출시된 〈데스티니 차일드〉의 캐릭터들이 이 Live2D를 이용하여 애니메이션을 만들었으며, 덕분에 Live2D에 대한 관심도가 높아졌습니다.

Live2D는 3D모델링이 필요하지 않고, 1프레임씩 몇 장이나 되는 이미지도 그릴 필요가 없으며, 필요한 원화를 파트별로 나눈 이미지 데이터만 있으면 캐릭터에 표정과 움직임을 넣을 수 있습니다.

공식 사이트는 일본어와 영어로 제공되며, Live2D에 관한 여러 자세한 정보를 얻을 수 있습니다. 간단히 살펴보겠습니다.

URL http://www.live2d.com/

http://www.live2d.com/

10.1.1 라이선스

Live2D는 큐비즘 에디터Cubism Editor라는 툴을 이용하여 캐릭터에 애니메이션을 생성합니다. 큐비즘 에디터는 무료 버전과 프로 버전이 있으며, 인디 개발자나 소규모 회사(연 매출 1억 원 미만)의 경우 289달러이며 대규모 회사의 경우 1,359달러의 라이선스 비용이 필요합니다.

무료 버전에서는 여러 제약이 있습니다. 비교 페이지를 참고하기 바랍니다.

URL http://www.live2d.com/en/download/comparison

10.1.2 쇼케이스

사이트를 보면 메인 회면 중간에 여러 메뉴가 있습니다. 여기서 Showcase를 클릭하면 Live2D를 이용하여 만든 콘텐츠들에 대한 소개를 볼 수 있습니다.

메인 화면 메뉴

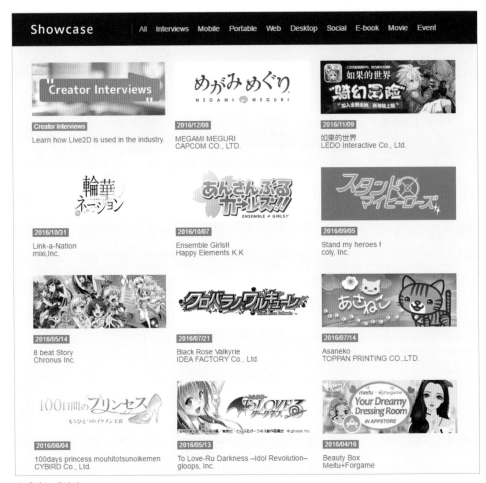

쇼케이스 페이지

콘솔이나 모바일 게임 등에 Live2D를 적용한 여러 콘텐츠들에 대해 확인해볼 수 있습니다.

10.1.3 다운로드 및 설치

큐비즘 에디터를 다운로드하려면 메인 화면에서 **Download**를 클릭합니다. 다운로드 페이지에서 좌측에는 애니메이션을 만들기 위한 큐비즘 에디터 다운로드 버튼이 있고, 우측에는 큐비즘 에디터로 생성된 파일을 플랫폼에 적용하기 위한 SDK 다운로드 버튼이 있습니다. 큐비즘 에디터를 다운로드하기 위해 좌측에 있는 Visit Download Site를 선택하여 다운로드 사이트로 이동합니다.

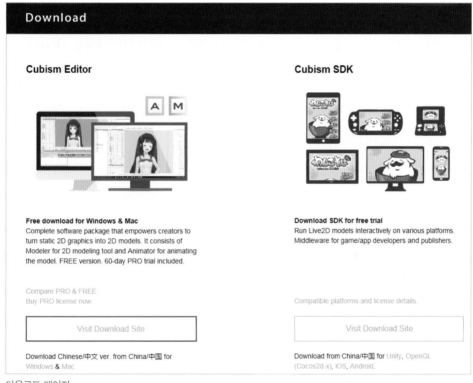

다운로드 페이지

다운로드 페이지를 보면 운영체제는 윈도우와 맥을 지원하며, 언어는 영어, 중국어, 한국어를 지원합니다. 자신의 운영체제와 설치를 원하는 언어 버전을 선택하여 다운로드 버튼을 누릅니다. 여기서는 윈도우 한국어 버전을 다운로드하겠습니다.

다운로드 사이트

다운로드 버튼을 누르고 라이선스에 동의하고 간단한 정보를 입력하면 다운로드가 시작됩니다.

Your Information

○ Business

◉ Individual

Organization *Required for business

Legal name of business (e.g. Live2D Inc.)

Email *You will receive update infomation

Email Address

☐ **Receive updates**

DOWNLOAD

정보 입력 화면

다운로드한 파일을 실행하여 큐비즘 에디터를 설치합니다. 설치가 완료되면 애니메이터^{Animator}
와 모델러^{Modeler}가 32비트 및 64비트용 바로가기가 두 개씩 생성될 것입니다. 다음은 모델러의
시작 화면입니다.

모델러 시작 화면

이제 큐비즘 에디터를 사용하여 캐릭터 애니메이션을 만들 수 있습니다!

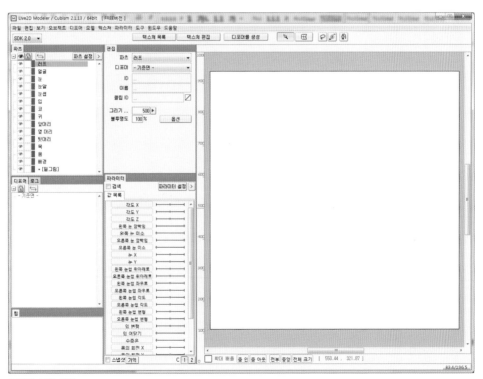

모델러 실행 화면

더 자세한 에디터 사용법은 한국어로 번역 중인 공식 매뉴얼을 참고하기 바랍니다.

URL http://sites.cybernoids.jp/cubism2_kr/

10.1.4 매뉴얼

메인 화면에서 **Learn Live2D**를 클릭하면 Live2D의 특징, FAQ, API, 포럼, 라이브러리, 매뉴얼 등을 볼 수 있습니다. 매뉴얼은 부분적으로 한국어를 지원하고 있으며 추후 업데이트될 예정이라고 합니다. **한글메뉴얼**을 클릭해보겠습니다.

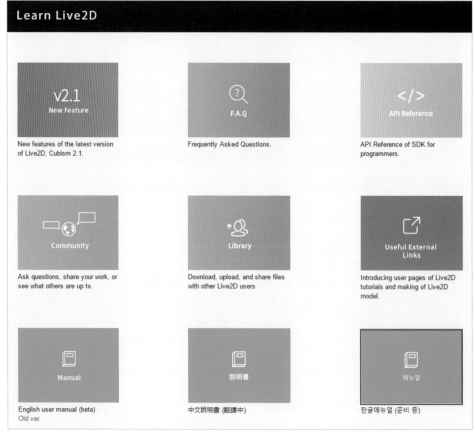

Learn Live2D 페이지

베타 버전인 매뉴얼 페이지로 넘어갑니다. 자세히 설명되어 있으므로 매뉴얼을 참고하면 여러 기능에 대해 쉽게 배울 수 있습니다. 왼쪽의 메뉴에서 원하는 내용을 확인한 뒤 따라 하면서 배울 수 있습니다. 하단의 '보조 도구'에는 포토샵용 스크립트를 포함해 각종 고급 팁이나 주의 사항도 설명하므로 참고할 수 있습니다.

매뉴얼 페이지

10.2 스프라이터

스프라이터 로고

스프라이터^{Spriter}는 무료 2D 뼈대 애니메이션 개발 도구로서 스파인과 자주 비교되는 개발 도구입니다. 스파인보다는 기능적인 면에서 약간 부족하지만 기본 기능은 대부분 스파인과 같습니다. 공식 사이트에서 자세한 정보를 확인할 수 있습니다.

URL https://brashmonkey.com/

10.2.1 라이선스

무료 버전과 프로 버전이 있으며 프로 버전은 59.99달러에 구입할 수 있습니다. 무료 버전에서는 다양한 기능을 사용할 수 없습니다. 버전에 따른 기능 차이는 공식 사이트의 기능 페이지에서 확인할 수 있습니다.

URL https://brashmonkey.com/spriter-features/

10.2.2 다운로드 및 설치

공식 사이트 상단 메뉴에서 SPRITER에 마우스를 올리면 하위 메뉴가 나옵니다. 이 중에서 **Download Spriter**를 선택합니다.

다운로드 메뉴

자신의 운영체제에 맞는 스프라이터를 다운로드합니다. 스프라이터는 윈도우, 맥, 리눅스 운영
체제에서 사용 가능합니다.

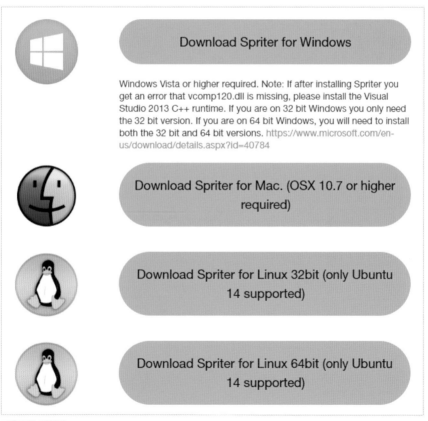

다운로드 페이지

윈도우에서 설치 시 오류가 생길 경우 설명 문구 끝에 있는 링크를 클릭해서 비주얼 스튜디오 런타임을 설치해야 합니다.

다운로드한 파일의 압축을 풀고 설치 파일을 실행하면 설치가 시작됩니다. 설치 후 스프라이터를 실행하면 비디오 헬프 창이 뜨는데, 여기서 원하는 튜토리얼을 시청할 수 있습니다.

비디오 헬프

스프라이터의 에디터 창은 다음 그림과 같은 모습입니다.

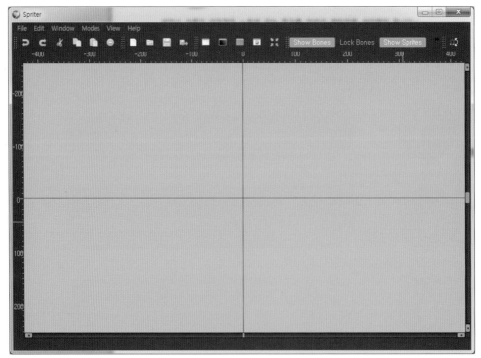

에디터 창

10.2.3 매뉴얼

공식 사이트 상단의 TUTORIALS 메뉴를 통해 비디오 튜토리얼과 스프라이터 온라인 매뉴얼을 확인할 수 있습니다. 먼저 **Video Tutorials**를 클릭합니다.

비디오 튜토리얼

유튜브의 재생목록 페이지가 열릴 것입니다. 20개 이상의 동영상이 업로드되어 있으며 이러한 비디오 튜토리얼을 통해 기능을 익힐 수 있습니다.

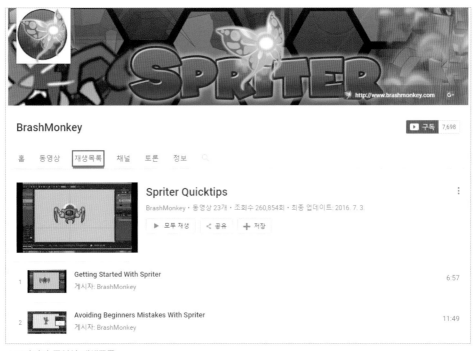

스프라이터 동영상 재생목록

TUTORIALS 메뉴에서 **Spriter Online Manual**을 클릭하면 온라인 매뉴얼을 확인할 수 있습니다.

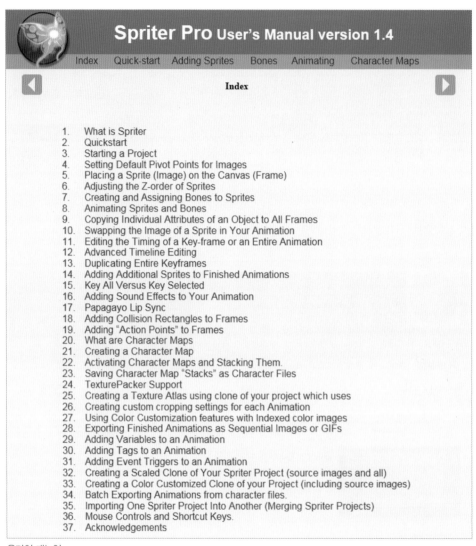

Spriter Pro User's Manual version 1.4

Index   Quick-start   Adding Sprites   Bones   Animating   Character Maps

Index

1. What is Spriter
2. Quickstart
3. Starting a Project
4. Setting Default Pivot Points for Images
5. Placing a Sprite (Image) on the Canvas (Frame)
6. Adjusting the Z-order of Sprites
7. Creating and Assigning Bones to Sprites
8. Animating Sprites and Bones
9. Copying Individual Attributes of an Object to All Frames
10. Swapping the Image of a Sprite in Your Animation
11. Editing the Timing of a Key-frame or an Entire Animation
12. Advanced Timeline Editing
13. Duplicating Entire Keyframes
14. Adding Additional Sprites to Finished Animations
15. Key All Versus Key Selected
16. Adding Sound Effects to Your Animation
17. Papagayo Lip Sync
18. Adding Collision Rectangles to Frames
19. Adding "Action Points" to Frames
20. What are Character Maps
21. Creating a Character Map
22. Activating Character Maps and Stacking Them.
23. Saving Character Map "Stacks" as Character Files
24. TexturePacker Support
25. Creating a Texture Atlas using clone of your project which uses
26. Creating custom cropping settings for each Animation
27. Using Color Customization features with Indexed color images
28. Exporting Finished Animations as Sequential Images or GIFs
29. Adding Variables to an Animation
30. Adding Tags to an Animation
31. Adding Event Triggers to an Animation
32. Creating a Scaled Clone of Your Spriter Project (source images and all)
33. Creating a Color Customized Clone of your Project (including source images)
34. Batch Exporting Animations from character files.
35. Importing One Spriter Project Into Another (Merging Spriter Projects)
36. Mouse Controls and Shortcut Keys.
37. Acknowledgements

온라인 매뉴얼

튜토리얼 동영상을 먼저 살펴본 후 원하는 기능에 대해 매뉴얼에서 더 자세히 찾아보는 방식으로 개발하는 것을 추천합니다.

10.3 타일드

타일드 공식 사이트 화면

타일드^{Tiled}는 타일맵 에디터로 여러 게임 엔진에서 타일을 이용한 게임을 만들 때 도움이 많이 되는 개발 도구입니다. 타일맵 에디터 중 가장 범용적으로 사용되는 개발 도구이며, 유니티, cocos2d−x에서도 사용이 가능합니다.

관련 정보는 공식 사이트에서 확인할 수 있습니다.

> URL http://www.mapeditor.org/

10.3.1 라이선스

타일드 맵 에디터는 무료 개발 도구로 후원을 받아서 업데이트하고 있습니다. 후원 페이지를 보면 왜 후원을 받는지 개발자의 설명이 쓰여 있습니다.

> URL https://www.patreon.com/bjorn

후원금 액수에 따른 리워드가 있으므로 툴을 잘 사용했다면, 더 나은 업데이트를 위해 만족스러운 만큼의 후원을 한다면 개발자에게 큰 도움이 될 것입니다.

10.3.2 다운로드 및 설치

사이트의 메인 화면 상단에서 [Download via itch.io] 버튼을 클릭하면 다운로드 페이지로 이동합니다.

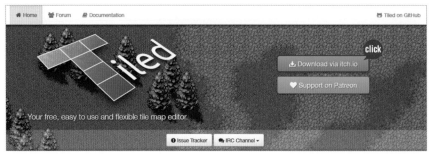

다운로드 버튼

타일드의 다운로드 페이지를 보면 윈도우, 맥, 리눅스 운영체제를 지원하는 것을 볼 수 있습니다. [Download Now] 버튼을 클릭합니다.

다운로드 페이지

버튼을 클릭하면 후원 금액을 입력하는 화면이 나오는데 후원하지 않으려면 **No thanks, just take me to the downloads**를 클릭합니다. 그다음 자신의 운영체제에 맞는 설치 파일을 다운로드 합니다.

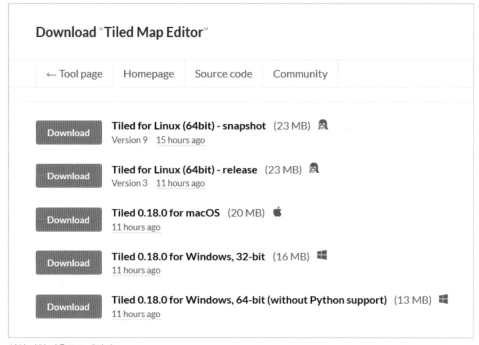

설치 파일 다운로드 페이지

다운로드한 설치 파일을 실행하여 설치를 진행합니다. 설치 후 실행하면 타일드 맵 에디터를 사용할 수 있습니다.

실행 화면

10.3.3 매뉴얼

사이트의 상단을 보면 **Documentation** 메뉴가 있는데, 여기서 매뉴얼을 확인할 수 있습니다.

문서 메뉴

문서 페이지에는 타일드 맵 에디터의 매뉴얼과 내보내기로 내보낸 TMX 파일 형식에 대한 설명이 있습니다.

Tiled Documentation

Welcome to the documentation pages for Tiled, a flexible tile map editor! Here you will find the Tiled User Manual and the TMX Map Format reference.

If you're not finding what you're looking for in these pages, please don't hesitate to ask questions on the Tiled Forum.

This documentation is currently work-in-progress. Initially the relevant pages from the wiki have been ported over, providing a limited amount of documentation for specific Tiled features. Over time, this should become the place to refer to for any details about using Tiled.

Index

Tiled User Manual

- Introduction
- Custom Properties
- Using the Terrain Tool
- Using Commands

Reference

- TMX Map Format
- TMX Changelog
- Libraries and Frameworks

문서 페이지

매뉴얼을 보면서 따라 하면 타일드 맵 에디터의 사용 방법을 익힐 수 있습니다.

10.3.4 예제 파일

타일트 맵 에디터를 설치한 경로 아래에 있는 examples 폴더를 보면 예제 파일을 확인할 수 있습니다.

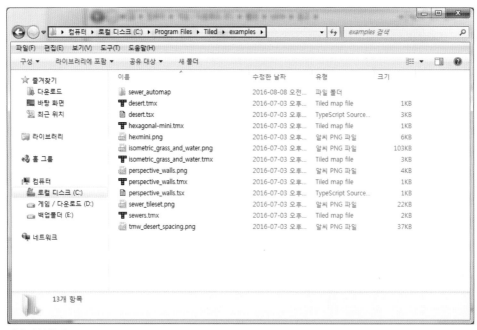

예제 파일 폴더

파일을 불러오려면 타일드 맵 에디터의 메뉴에서 **File** 〉 Open...을 선택합니다.

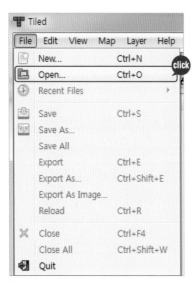

File 〉 Open...

그러면 파일 선택 창이 뜰 텐데, examples 폴더로 이동하여 desert.tmx 예제 파일을 열어보겠습니다. 타일드 맵 에디터에 선택한 파일이 열릴 것입니다.

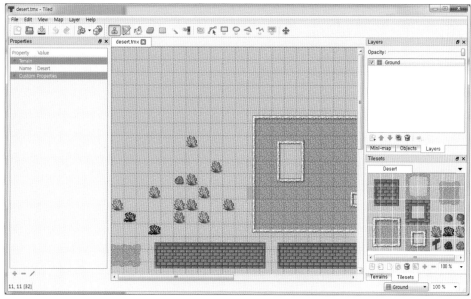

사막 타일 예제

desert.tmx는 사막 배경의 맵을 볼 수 있고, sewers.tmx는 하수도가 배경인 예제 파일입니다. 나머지는 육각형 타일이나 등각투영(2.5D) 등의 예를 보여주는 예제 파일입니다. 여러 예제 파일을 살펴보며 이 도구를 이용해 어떤 식으로 게임 맵을 만들 수 있는지 감을 잡을 수 있을 것입니다.

10.4 이모트

이모트 로고

이모트E-mote는 Live2D와 매우 비슷한 기능을 하는 에디터입니다. 2D로 생성된 이미지로 애니메이션을 생성해 3D처럼 움직이는 생생함을 부여할 수 있습니다. 단, 윈도우만 지원합니다.

공식 사이트에서 여러 정보를 확인할 수 있습니다. 단, 이모트 공식 사이트는 일본어만 지원합니다.

URL http://emote.mtwo.co.jp/

이모트를 사용하여 어떤 식의 결과물을 얻을 수 있는지 샘플 캐릭터가 사이트 메인 화면에 나와 있고 애니메이션도 확인할 수 있습니다.

메인 화면에 있는 캐릭터 예제

10.4.1 라이선스

이모트는 무료 버전인 이모트 프리 무비 메이커E-mote Free Movie Maker와 유료로 사용 가능한 라이선스가 존재합니다. 이모트 프리 무비 메이커는 완전 무료로 사용할 수 있는 툴입니다. 무료로 다운로드 가능하니 부담 없이 설치해볼 수 있습니다. 유료는 연간 매출 천만 엔 이상과 천 만엔 이하의 사업자, 인디 개발자, 학생 등을 위한 라이선스가 분리되어 있습니다.

이모트 유료 플랜 안내

10.4.2 시스템 로케일 변경

무료 버전인 이모트 프리 무비 메이커를 설치하기에 앞서 한 가지 알아둘 점이 있습니다. 이모트 프리 무비 메이커는 유니코드를 지원하지 않는 프로그램이므로 설치하기 전에 윈도우에서 시스템 로캘locale을 변경해주어야 합니다. 시스템 로캘을 변경해도 윈도우의 메뉴, 대화상자, 또는 유니코드를 사용하는 다른 프로그램에는 영향을 주지 않습니다.

시스템 로캘을 변경하려면 윈도우 제어판에서 **국가 및 언어**(윈도우 8 이상에서는 **국가 또는 지**

역)를 선택합니다. 혹은 명령 프롬프트나 **시작 메뉴** 〉 **실행**에서 control intl.cpl이라고 입력해도 됩니다. 설정 창이 열리면 **관리자 옵션** 탭에서 [시스템 로캘 변경] 버튼을 클릭합니다. 다음 그림은 윈도우 7 기준입니다.

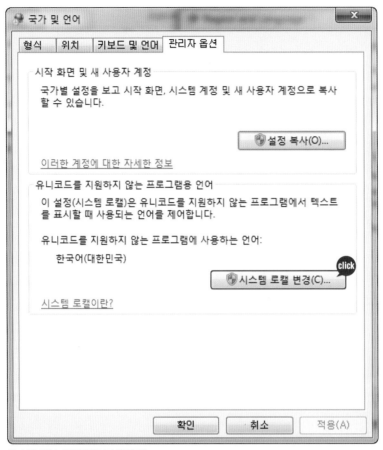

국가 및 언어 설정의 관리자 옵션 탭

현재 시스템 로캘이 한국어(대한민국)이 선택되어 있을 것입니다. 이를 **일본어(일본)**으로 변경한 뒤 재시작합니다. 이제 유니코드를 지원하지 않는 일본어 프로그램도 사용할 수 있습니다. 사용이 끝난 후에는 다시 한국어로 바꾸는 것을 잊지 마세요.

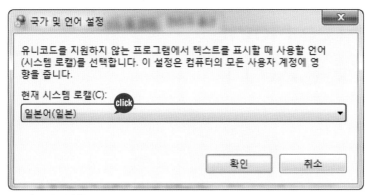
시스템 로캘 변경 창

10.4.3 다운로드 및 설치

그럼 이제 이모트 프리 무비 메이커를 다운로드하여 설치하겠습니다. 공식 사이트 메인 화면 상단에 있는 이모트 프리 무비 메이커 다운로드 배너를 클릭합니다.

다운로드 배너

다운로드 페이지로 이동하면 왼쪽의 빨간 버튼을 클릭하여 파일을 다운로드합니다.

다운로드 페이지

일본어 로케일로 설정되어 있다면 설치 중 오류가 나지 않았을 겁니다. 설치가 완료되면 이모트 프리 무비 메이커를 실행해봅니다.

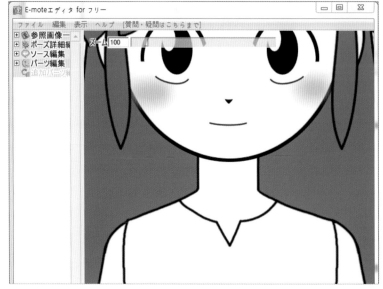

실행 화면

이모트 프리 무비 메이커 설치가 완료되었습니다.

10.4.4 매뉴얼

공식 사이트의 매뉴얼 페이지에서 매뉴얼을 확인할 수 있습니다. 매뉴얼 역시 일본어만 지원합니다.

 http://emote.mtwo.co.jp/manual/manual-emofuri.php

매뉴얼 페이지

매뉴얼은 그림과 함께 세세하게 사용법을 설명합니다. 그림이 많이 있으므로 자동 번역을 지원하는 브라우저로 읽어보면 툴 사용법을 익히기 수월하게 설명되어 있습니다.

10.4.5 예제 파일

이모트 프리 무비 메이커가 설치된 폴더의 template 폴더에는 매뉴얼에서 예제로 설명한 psd 파일과 mmo 파일이 있습니다. psd 파일은 이모트 프리 무비 메이커에서 불러올 수 있도록 작업한 포토샵 파일이고 mmo 파일은 이모트 프리 무비 메이커의 프로젝트 파일입니다. 매뉴얼과 함께 이들 템플릿을 참고하여 어떻게 작업하는지 익힐 수 있습니다.

10.5 텍스처 패커

텍스처 패커 로고

텍스처 패커 TexturePacker는 여러 장의 이미지를 한 장의 이미지로 패킹할 수 있는 툴입니다. 윈도우와 맥 OS 모두 사용할 수 있습니다. 한 장의 이미지에 여러 프레임이 들어 있는 스프라이트 제작에 도움이 됩니다. 스프라이트 외에도 이미지 리소스를 한 장의 이미지로 모아 게임에 사용하고자 할 때도 유용한 도구입니다.

공식 사이트 주소는 다음과 같습니다.

URL https://www.codeandweb.com/texturepacker

10.5.1 라이선스 및 소개

프로 버전은 연간 39.99달러에 두 대의 컴퓨터까지 이용할 수 있습니다. 무료 버전도 있지만 여러 제약이 있습니다.

다음과 같은 대상자는 연간 무료 라이선스를 신청할 수 있습니다.

- 게임, 소프트웨어, 웹 개발 등의 내용으로 블로그를 운영하는 블로거
- 단, 블로그에는 최근 2년간 10개 이상의 포스트가 있어야 합니다.
- 각 포스트는 자신이 직접 쓴 내용이 1000단어 이상이어야 합니다.
- 페이스북, 트위터, 웨이보의 경우는 1만 명 이상의 팔로워가 있어야 합니다.

위 사항에 만족하는 사람은 다음 주소에서 무료 라이선스를 신청할 수 있습니다.

URL http://www.codeandweb.com/request-free-license

텍스처 패커를 이용하여 작업을 하게 되면 여러 가지 장점이 있습니다.

텍스처 크기

예를 들어 300×260 픽셀의 이미지를 스프라이트로 사용할 경우, 많은 게임 엔진에서는 위 그림처럼 512×512 사이즈의 Texture를 생성하여 그 안에 이미지를 담게 됩니다.

이처럼 텍스처가 더 크게 만들어지는 이유는 텍스처는 너비와 높이가 2의 배수의 크기로 생성되기 때문입니다(2, 4, 8, 16, 32, 64, 128, 256, 512, 1024 픽셀 식으로). 텍스처 패커를 사용하여 하나의 이미지에 여러 이미지를 담아 사용하면 이처럼 텍스처가 생성될 때 낭비되는 리소스를 줄일 수 있으며 로딩 시간과 메모리 소모를 줄일 수 있습니다.

10.5.2 다운로드 및 설치

공식 사이트에 접속하면 큼지막한 다운로드 버튼이 보입니다.

텍스처 패커 다운로드

다운로드 버튼을 클릭하면 자동으로 다운로드가 시작되며 튜토리얼 페이지로 이동합니다. 여러 게임 엔진에서 사용하는 방법을 제공합니다.

텍스처 패커 소개 페이지

파일을 다운로드하는 동안, 예를 들어 **Cocos2D-x** 튜토리얼을 클릭해봅시다. 다음과 같이 자세한 내용이 제공됩니다.

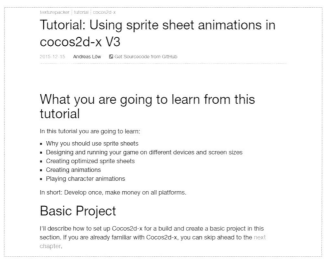

cocos2d-x 튜토리얼

다운로드가 끝났다면 받은 파일을 실행하여 설치합니다. 설치 과정에 특별한 점은 없습니다.

설치 화면

다운로드 받은 파일을 실행하여 설치합니다. 설치가 완료되면 텍스처 패커를 실행해봅시다. 라이선스 선택 화면이 나올 텐데 무료 버전을 이용해도 되고, 프로 버전은 일주일 동안 무료로 사용할 수 있습니다.

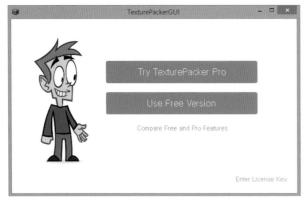

텍스처 패커 초기 화면

10.5.3 사용 방법

메인 화면에서 왼쪽에는 스프라이트들의 목록이 표시되고, 가운데에는 패킹된 결과물이 표시됩니다. 오른쪽은 입출력 관련 설정을 할 수 있는 공간입니다.

텍스처 패커 메인 화면

간단한 패킹 예를 살펴보겠습니다. 패킹할 이미지들을 준비합니다.

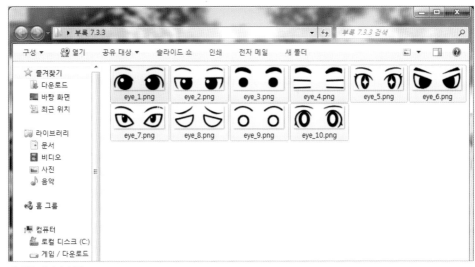

패킹할 이미지 선택

탐색기에서 선택한 이미지들을 선택하고 텍스처 패커로 드래그합니다.

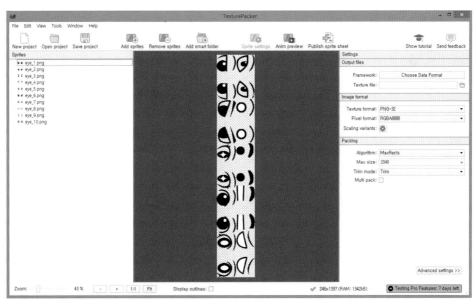

텍스처 패커에 추가된 이미지

File ⟩ Publish sprite sheet를 선택합니다.

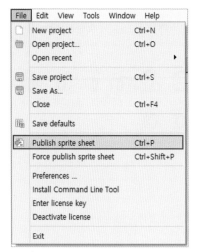

File ⟩ Publish sprite sheet

파일 이름을 입력한 뒤 [저장] 버튼을 누릅니다. 저장한 폴더에 가보면 여러 개의 이미지가 하나로 패킹된 결과물 이미지 파일을 확인할 수 있습니다. 텍스처 패커 화면에서 가운데에 표시된 이미지 그대로입니다.

패킹 결과물

10.6 마치며

- Live2D, 스프라이터, 타일드, 이모트 등 서드파티 2D 게임 개발 도구들에 대해 간단하게 살펴봤습니다.

- 각 상황에 맞는 도구를 적절히 이용하면 작업 효율성을 높일 수 있습니다.

- 지금까지 배운 내용을 활용하여 멋진 2D 게임을 만들기 바랍니다!